Adamo Prince

A ARTE DE OUVIR

Percepção rítmica

The Art of Listening
Rhythmic perception

2

Contém acesso aos áudios / Contains access to audios

Nº Cat.: AOPR2

Irmãos Vitale Editores Ltda.
vitale.com.br
Rua Raposo Tavares, 85 São Paulo SP
CEP: 04704-110 editora@vitale.com.br Tel.: 11 5081-9499

© Copyright 2009 by Irmãos Vitale Editores Ltda. - São Paulo - Rio de Janeiro - Brasil.
Todos os direitos autorais reservados para todos os países. *All rights reserved.*

CIP-BRASIL. CATALOGAÇÃO NA FONTE
SINDICATO NACIONAL DOS EDITORES DE LIVROS - RJ.

P952a
v. 2

Prince, Adamo, 1954-
    A arte de ouvir, volume 2 : percepção ritmica = The art of listenning, volume 2 : rhythmic perception / Adamo Prince ; [versão para o inglês Claudia Costa Guimarães]. - São Paulo : Irmãos Vitale, 2010.
    56p. : música + áudio

Texto em português com tradução em inglês
Contém acesso aos áudios

ISBN 978-85-7407-298-2   (v.2)

1. Percepção musical.
2. Métrica e ritmo musical.
  I. Título.

10-3927.   CDD: 781.11
                                                                   CDU: 781.1

10.08.10   17.08.10   020852

Capa / *Cover*:
Bruno Liberati e Bruno Cavalieri

Projeto gráfico, composição e diagramação /
Design, typesetting and layout:
Júlio César P. de Oliveira

Revisão musical / *Musical revision*:
Itamar Assiére

Copidesque e revisão / *Copyediting and proofreading*:
Nerval M. Gonçalves e Raquel Zampil

Tradução do texto / *English version*:
Claudia Costa Guimarães

Fotografia / *Photography*:
Rodrigo Lopes

Coordenação de produção / *Production coordination*:
Anna Paula Lemos

Produção fonográfica
Phonographic production

Os áudios que integram este volume foi produzido no estúdio Alma Groove, de Alexandre Massena, que se incumbiu dos arranjos e da mixagem de todas as faixas.

Alexandre Massena, além de arranjador, produtor e compositor, é também um exímio instrumentista. Já acompanhou artistas de grande expressão no cenário musical brasileiro, como Sandra de Sá, Vinícius Cantuária, Chico Buarque, Lulu Santos e Cláudio Zoli, entre tantos. Como arranjador, desenvolveu trabalhos para a EMI Publishing para discos de Xuxa, José Augusto, Angélica etc.

Nestes áudios, todos os instrumentos foram executados por ele e as composições das faixas 2, 3, 4, 8, 9, 12, 16, 21, 27, 34 e 35 são de sua autoria.

The audios that accompanies this volume was produced at the Alma Groove studio, which belongs to Alexandre Massena, responsible for arranging and mixing all tracks.

Besides arranging, producing and composing, Alexandre Massena is also a skilled instrumentalist. He's accompanied artists of great expression in the Brazilian musical scene such as Sandra de Sá, Vinícius Cantuária, Chico Buarque, Lulu Santos and Cláudio Zoli, among others. As an arranger, he's developed works for EMI Publishing in albums by Xuxa, José Augusto, Angélica, etc.

In these audios, all instruments were played by him and tracks 2, 3, 4, 8, 9, 12, 16, 21, 27, 34 and 35 are his compositions.

Arquivos de áudio *play-a-long* em MP3 estão disponíveis para *download* gratuito em:

vitale.com.br/downloads/audios/AOPR2.zip

ou através do escaneamento do código abaixo:

Obs.: Caso necessário, instale um software de descompactação de arquivos.

Contatos com o autor:
For Further Information Contact the Author:
adamoprince@hotmail.com
www.adamoprince.com
(21) 2542-8776 - (21) 9176-9602

Pareceres
Statements

O Método Prince – Leitura e Percepção – Ritmo é uma referência de qualidade e modernidade para os músicos brasileiros. Uma obra considerada ímpar e completa sobre o assunto.

Adamo Prince é um dos poucos artistas que se dedicam com real competência à literatura didático-musical. Muitos nomes do nosso meio foram e são orientados por ele.

A mobilização em favor da educação é uma causa que todos nós abraçamos e louvamos, e a complementação do *Método Prince* com os métodos *A Arte de Ouvir* é um segundo pé para caminharmos a passos largos na direção deste objetivo: o refinamento dos nossos músicos e, conseqüentemente, da nossa música.

Wagner Tiso

The Prince Method of Reading and Ear-Training – Rhythm *is a reference of quality and modernity for Brazilian musicians. A matchless and complete work on the subject.*

Adamo Prince is one of the few artists dedicated to musical didactic literature with true competence. Many names in our field have been and are guided by him.

The mobilization in favor of education is a cause that we all embrace and praise and the complementation of the Prince Method *with The Method of The Art of Listening is a second foot meant to take us quickly toward the following objective: the refinement of our musicians and, consequently, of our music.*

Wagner Tiso

Dá prazer conhecer gente como o Adamo! É um batalhador, minucioso, que traz informações precisas e preciosas.

Recomendo, sem a menor dúvida, a leitura e o estudo desta e das suas outras obras.

Cristovão Bastos

It's a pleasure to know people like Adamo! He's a warrior, thorough, who brings us precise and precious information.

I undoubtedly recommend the reading and the study of this and of other works by him.

Cristovão Bastos

A credibilidade de um músico bem preparado reflete-se tanto nos seus trabalhos quanto na queda do preconceito gratuito que subestima quem não lê e não escreve.

Eu felicito e endosso o trabalho de Adamo Prince, e tenho certeza que os métodos *A Arte de Ouvir* vêm diretamente ao encontro das necessidades fundamentais do dia-a-dia do meio musical.

Mauricio Einhorn

The credibility of a learned musician reflects itself both in his work and in doing away with the gratuitous prejudice that underestimates those who cannot read and write.

I congratulate and endorse Adamo Prince's work and I am positive that the methods of The Art of Listening meet the musical métier's basic day-to-day needs.

A música é uma terra sem fronteiras. Estamos constantemente evoluindo e a cada dia algo de novo se apresenta. É uma eterna aprendizagem.

A didática da música tem de acompanhar esta evolução. *O Método Prince – Leitura e Percepção – Ritmo* veio num momento preciso, num movimento de expansão do universo musical.

Adamo Prince é um artista comprometido com a evolução. São muitos os nomes do meio artístico que podem confirmar o que seu trabalho significa em suas carreiras.

E agora, com os métodos *A Arte de Ouvir*, eis que surge à nossa frente uma ponte ligando o processo da aprendizagem em si com a realidade prática da música em geral.

Pois bem: caminhemos!

Hermeto Pascoal

Music is a land without frontiers. We are constantly evolving and something new presents itself every day. It is an everlasting learning process.

Music didactics must accompany this evolution. The Prince Method of Reading and Ear-Training – Rhythm arrived at a precise moment, during a movement of expansion of the musical universe.

Adamo Prince is an artist committed to evolution. Many are the names within musical circles that can confirm the meaning of his work to their careers.

And now, with the methods of The Art of Listening we have before us a bridge connecting the learning process itself to the practical reality of music in general.

Very well: let us proceed!

Volume 2

Introdução 10

A importância das sílabas 12

Como proceder com
duas vozes simultâneas 14

Sobre as ligaduras 15

Sete passos
fundamentais para se desenvolver
a percepção e a escrita do ritmo 17

Primeira parte
—— *Part one* ——

♩ em / *in* 2/4 C

A uma voz
In one voice

Percepção a uma voz

Faixas 1, 2, 3 21
Faixas 4, 5, 6, 7 22

Volume 2

Introduction 10

The importance of syllables 12

*Ear-training with
two simultaneous voices* 14

On slurs 15

*Seven crucial steps
towards developing rhythmic
perception and writing* 17

Ear-training with one voice

Tracks 1, 2, 3 21
Tracks 4, 5, 6, 7 22

Faixas 8, 9, 10	23		*Tracks 8, 9, 10*	*23*
Faixas 11, 12, 13	24		*Tracks 11, 12, 13*	*24*
Faixas 14 e 15	25		*Tracks 14 and 15*	*25*
Faixa 16	26		*Track 16*	*26*

Com ligaduras   *With slurs*

Faixas 17 e 18	26		*Tracks 17 and 18*	*26*
Faixas 19, 20, 21	27		*Tracks 19, 20, 21*	*27*
Faixas 22, 23, 24	28		*Tracks 22, 23, 24*	*28*
Faixas 25, 26, 27	29		*Tracks 25, 26, 27*	*29*
Faixas 28, 29, 30	30		*Tracks 28, 29, 30*	*30*
Faixas 31, 32, 33	31		*Tracks 31, 32, 33*	*31*
Faixas 34 e 35	32		*Tracks 34 and 35*	*32*
Faixas 36, 37, 38, 39	33		*Tracks 36, 37, 38, 39*	*33*

Segunda parte
Part two

em / *in* 2/4 ¢

A duas vozes
In two voices

Percepção a duas vozes alternadas   *Ear-training with two alternating voices*

Faixas 40, 41, 42, 43, 44	37		*Tracks 40, 41, 42, 43, 44*	*37*
Faixas 45, 46, 47, 48, 49	38		*Tracks 45, 46, 47, 48, 49*	*38*
Faixas 50 e 51	39		*Tracks 50 and 51*	*39*

Com ligaduras   *With slurs*

Faixas 52 e 53	39		*Tracks 52 and 53*	*39*
Faixas 54, 55, 56, 57	40		*Tracks 54, 55, 56, 57*	*40*

Faixas 58, 59, 60, 61............................. 41
Faixa 62... 42

Percepção a duas vozes simultâneas
Faixas 63, 64, 65, 66............................. 43
Faixas 67, 68, 69.................................. 44
Faixas 70, 71, 72.................................. 45

Com ligaduras
Faixa 73... 45
Faixas 74, 75, 76.................................. 46
Faixas 77, 78, 79.................................. 47
Faixas 80, 81, 82.................................. 48

Tracks 58, 59, 60, 61............................. 41
Track 62... 42

Ear-training with two simultaneous voices
Tracks 63, 64, 65, 66............................. 43
Tracks 67, 68, 69.................................. 44
Tracks 70, 71, 72.................................. 45

With slurs
Track 73... 45
Tracks 74, 75, 76.................................. 46
Tracks 77, 78, 79.................................. 47
Tracks 80, 81, 82.................................. 48

Introdução

Ler e escrever, embora sejam dois processos relativos à mesma linguagem, são atividades bem diferentes.

A começar pelo fator da memória. Numa leitura à primeira vista, apesar de não conhecermos o texto, podemos lê-lo com perfeição. Mas se formos escrever uma frase que seja, ou nós a decoramos, ou nada haverá que nos faça escrevê-la. Obviamente, não podemos escrever algo que não esteja em nossa mente.

Outro aspecto diferencial é que o reconhecimento visual de uma sílaba nos conduz à sua sonoridade, e este é o processo da leitura. No processo da escrita, a sonoridade é que nos reporta a uma imagem.

Ver/ouvir e ouvir/ver são dois reflexos distintos. Se ambos não forem desenvolvidos, podemos ler bem e não escrever nada.

Isto acontece, por exemplo, com quem domina parcialmente línguas estrangeiras: uns entendem mas não falam; outros lêem mas não escrevem.

O ideal é treinar os dois reflexos paralelamente, o que não quer dizer que eles não possam ser treinados em separado. (Se você lê e não escreve, o que fazer? Treinar a partir de agora.)

Introduction

Although reading and writing are two processes related to the same language, they are very different activities.

Starting with the memory factor. In reading, at first sight, even if we do not know the text, we can read it to perfection. But if we are going to write even a single sentence, we either have to learn it by heart or nothing will make us write it. We obviously cannot write something that is not in our minds.

Another differential is the fact that the visual recognition of a symbol leads us to its sonority; this is the reading process. In the writing process, it is sonority that refers us to an image.

To see/to listen and to listen/to see are two distinct reflexes. If both are not developed, we can read well and still not write at all.

This happens, for instance, with those people who master foreign languages only partially: some understand but cannot speak; others read but cannot write.

The best idea is to train both reflexes in parallel, which does not mean that they cannot be trained separately. (If you can read but you cannot write, what can you do? Start practicing, from now on.)

Como proceder com duas vozes simultâneas

Quando já temos desenvolvida a percepção de uma única voz, a atenção dirigida é o elemento a mais que utilizamos para a percepção de duas vozes simultâneas.

Embora ouvindo-as ao mesmo tempo, primeiro nos concentramos somente na voz aguda (como que apagando da mente o som da voz grave), decorando-a e escrevendo-a.

Depois nos concentramos somente na voz grave (apagando a aguda), decorando-a, escrevendo-a e cuidando da diagramação correta entre as duas, evidentemente.

Obs.:

A voz aguda, na maioria das vezes, nos prende a atenção com mais facilidade. Manter a atenção numa voz grave pode vir a ser também um exercício de força da concentração.

Ear-training with two simultaneous voices

Once we have mastered the perception for a single voice, directed attention is that one extra element we use to perceive two simultaneous voices.

Though we hear them at the same time, we first concentrate exclusively on the high-pitched voice (kind of turning off the low-pitched sound from our minds), memorizing it and writing it down.

Then, we concentrate solely on the low-pitched voice (turning off the high-pitched one), memorizing it, writing it down and evidently taking extra care to diagram the two of them correctly.

Obs.:

Most of the time, high-pitched voices will capture our attention more easily. Focusing one's attention on the low-pitched voice can be an exercise for the power of concentration.

E quando ouvimos, por exemplo, o ritmo

tampouco é o reflexo de cada nota que nos leva à associação de imagens, e sim o das sílabas rítmicas:

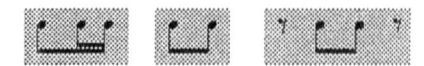

Se não pudermos separar mentalmente as sílabas ouvidas, não poderemos associá-las à sua sonoridade e não poderemos escrevê-las com fluência.

Por isto a importância das sílabas. E por isto um cuidado primordial: procure as sílabas, e não as figuras ("as letras")!

And when we hear, for instance, the rhythm

it is not the reflex of each note that leads us to the association of images, but that of the rhythmic syllables:

If we cannot separate the syllables heard mentally, we cannot associate them to their sonority and cannot write them with fluency.

Thus the importance of syllables. For this reason take special care: seek syllables and not figures ("the letters")!

A importância das sílabas

Na linguagem falada, a escrita é codificada através de sílabas fonéticas. As sílabas são compostas por letras.

Na linguagem rítmica, a escrita é codificada por sílabas rítmicas, e estas são compostas por figuras (notas e pausas).

Na leitura rítmica (assim como na leitura gramatical), a fluência é adquirida pelo reconhecimento visual das sílabas escritas, associando-se cada imagem à sua sonoridade. É um reflexo visual-auditivo.

Ao se escrever uma frase rítmica (assim como uma frase gramatical), o som das sílabas é que nos transporta às imagens. É um reflexo audiovisual.

Embora tudo isto seja até bastante óbvio, é importante salientar que o reflexo é adquirido e desenvolvido através das sílabas, e não através das letras.

Quando ouvimos a palavra "casa", não é o reflexo de cada letra que nos leva à associação das imagens gráficas, e sim o de cada sílaba:

CA SA

The importance of syllables

In written language, writing is codified through phonetic syllables. Syllables are composed of letters.

In rhythmic language, writing is codified by rhythmic syllables and these are composed of figures (notes and pauses).

In rhythmic reading (as well as in grammatical reading), fluency is acquired through the visual recognition of written syllables, when we associate each image to their sonority. It is a visual-auditive reflex.

When we write a rhythmic phrase (as well as a grammatical phrase), the sound of the syllables is what conveys the images. It is an audiovisual reflex.

Although all of this may seem quite obvious, it is important to highlight that the reflex is acquired and developed through syllables and not through letters.

When we hear the word "table", it is not the reflex of each letter that leads us to the association of graphic images but that of each syllable:

TA BLE

O treinamento da percepção auditiva é um pouco mais complicado que o da leitura, pois, para viabilizá-los, precisamos de ditados. Nem sempre há a disponibilidade de pessoas capacitadas para executá-los.

É necessária a memorização de tudo o que ouvimos, e isto pode não acontecer na primeira audição (o que não tem a menor importância). Mas é imprescindível que se ouça tantas vezes quantas forem necessárias para a fixação na memória. E, ainda que haja a disponibilidade de uma pessoa para ditar, o tempo disponível pode não ser suficiente.

Foi pensando nestas dificuldades que surgiu a ideia dos áudios - a tecnologia dando uma "mãozinha" para facilitar a aprendizagem. Como?

Foram usados sons eletrônicos e um vasto leque de sons sampleados, tanto para os instrumentos melódicos quanto para os percussivos, que foram acoplados ao som dos instrumentos reais. Os ditados foram gravados abordando todas as sílabas rítmicas dentro de uma rigorosa escala de dificuldades. E antes de cada um foram colocados dois compassos de contagem. As frases que começam "antes do início" (do 1º tempo) já se encontram dentro do 2º compasso de referência.

Importante! Nada foi feito através de formas e combinações meramente matemáticas. A elaboração didática foi sustentada por um teor estético criterioso, utilizando-se as mais diversas formas da música popular e erudita.

O objetivo? Efetivamente facilitar e tornar agradável esta parte tão delicada do ensino musical: a percepção rítmica.

Training auditory perception is a little more complicated than training the reading one because, in order to make it happen, we need to be dictated to. And seldom is there someone qualified and available to do this.

The memorization of everything we hear is necessary, and this cannot happen on a first listening (and that's not important). But it is essential that we listen as many times as we need to in order to fix things to our memory. And even if there is someone available to dictate, the time available may not be sufficient.

It was in thinking of these difficulties that the idea for the audios came about: technology lending a hand to learning. But how?

Electronic sounds were used as well as a vast gamut of sampled sounds, both for melodic and percussive instruments–all of which were coupled with real instruments. The dictations were recorded approaching every rhythmic syllable within a rigorous scale of difficulty. Two measures were inserted before each recording. The phrases that begin "before the beginning" (of the 1st tempo) are already within the 2nd reference measure.

Important! Nothing here was done according to form and merely mathematical combinations. Didactic elaboration was sustained through a judicious esthetic content, using the most varied forms from popular and erudite music.

The objective? To truly make this delicate part of musical training easy and pleasant: the rhythmic perception.

O autor / *The author*

Primeira parte
Part one

em / *in*

$\frac{2}{4}$ **c**

A uma voz
In one voice

Sete passos fundamentais para se desenvolver a percepção e a escrita do ritmo

1 – Largar o lápis.

2 – Ouvir e repetir intuitivamente (na mesma velocidade, sem pensar nem visualizar nada) o quanto lhe for possível memorizar.

3 – Já decorado, repetir o ritmo marcando o tempo com o pé.

4 – Repeti-lo novamente, marcando o compasso com a mão (o tempo continua no pé).

5 – Se necessário (e somente agora), ralentar ao ponto que lhe for possível pensar.

6 – Visualizar as sílabas rítmicas, escrevendo-as mentalmente.

7 – Pegar o lápis e escrever no papel.

Seven crucial steps towards developing rhythmic perception and writing

1 – Let go of the pencil.

2 – Listen and repeat intuitively (in the same speed, without thinking or visualizing anything), memorizing as much as you can.

3 – Once memorized, repeat the rhythm using your foot to keep the tempo.

4 – Repeat it once again, keeping the beat with your hand (the tempo is still being kept by your foot).

5 – If necessary (and only now), slow down as much as you need to be able to think.

6 – Visualize the rhythmic syllables, writing them down mentally.

7 – Pick up the pencil and write them down on paper.

Sobre as ligaduras

São sinais gráficos usados para ligar duas sílabas ou mais.

Exemplo:

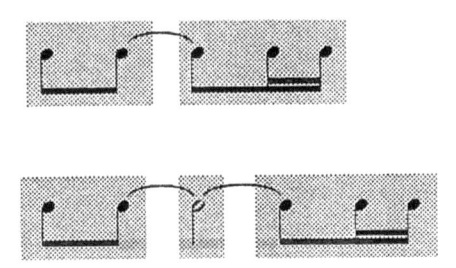

A ligadura diz respeito à sílaba posterior. Quando ligadas, a sonoridade da 1ª sílaba não se altera. Porém, na que se sucede, a nota que está ligada perde o ataque, e a sílaba passa a equivaler a uma similar com pausa:

Dito de outra forma, uma sílaba ligada é igual (no que diz respeito aos ataques) a uma equivalente com pausa:

A diferença é que não há interrupção no som entre sílabas ligadas.

On slurs

They are the graphic signals used to link two or more syllables.

Example:

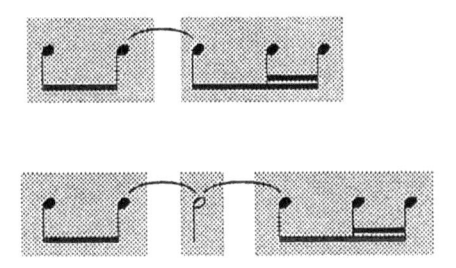

The slur concerns the ending syllable. When slurred, the sonority of the 1ˢᵗ syllable remains unaltered. However, in the succeeding one, the slurred note loses attack and the syllable thus becomes equivalent to a similar one with a pause:

In other words, a slurred syllable is equal (with regards to the attack) to an equivalent one with pause:

The difference is that there is no interruption in the sound between slurred syllables.

Perceber sílabas com pausa ou ligadura vem a ser a mesma coisa, observada a diferença da continuidade do som.

Exemplo:

Perceiving syllables with pauses or slurs happens to be the same thing, if one observes the difference of sound continuity.

Example:

sem interrupções
with no interruptions

com interrupções
with interruptions

Percepção a uma voz
Ear-training with one voice

Confira o ritmo das melodias

Check the rhythm of the melodies

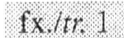

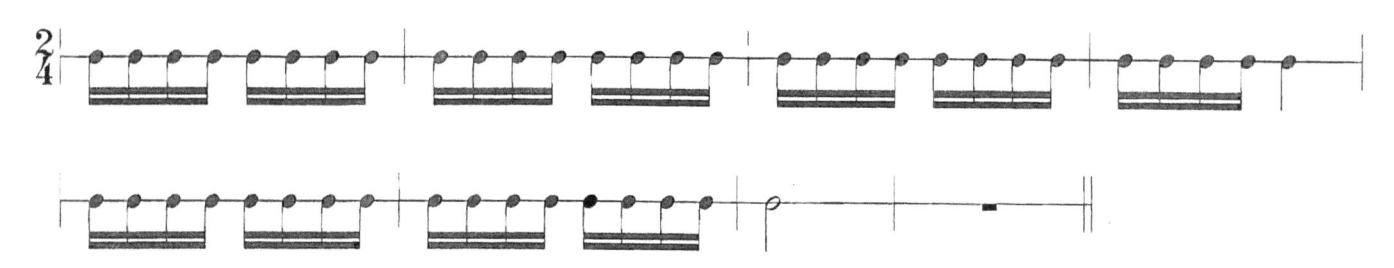

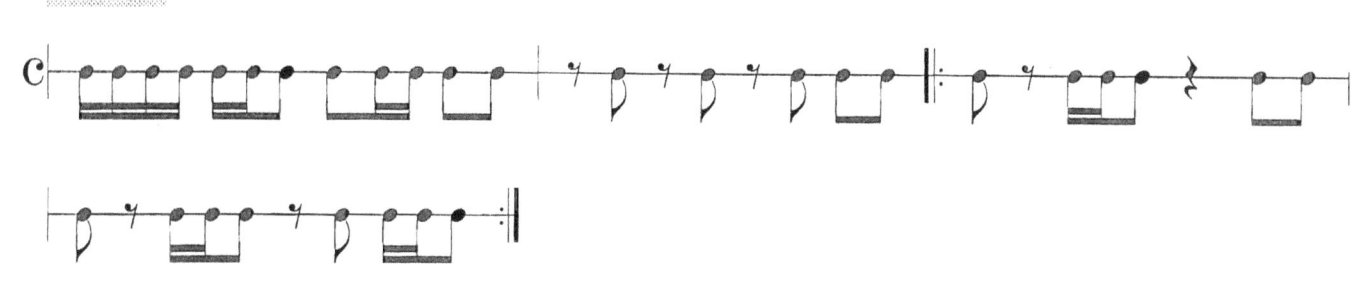

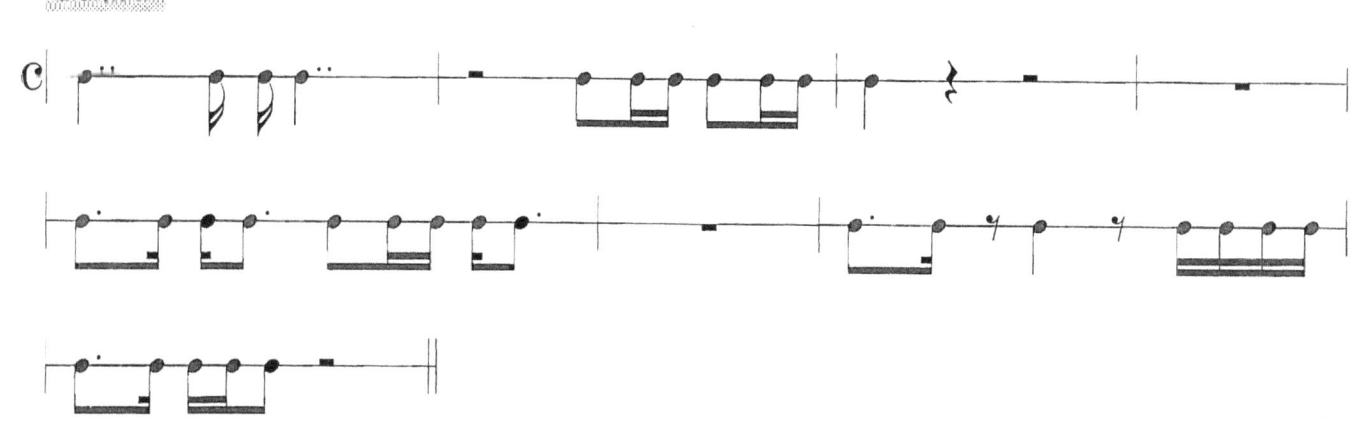

fx./tr. 4

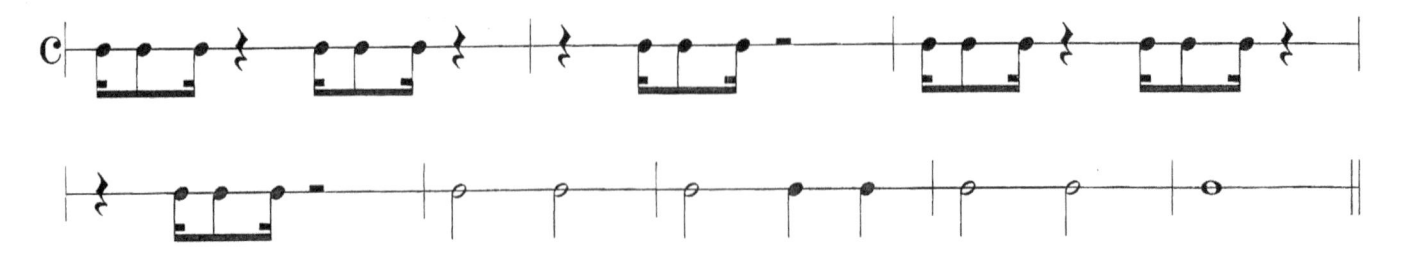

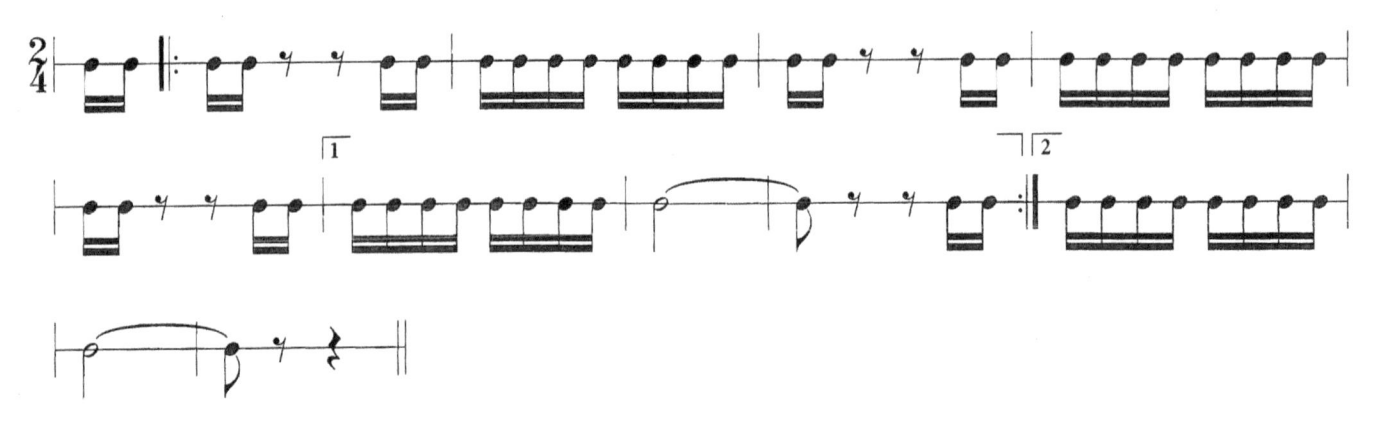

fx./tr. 5

fx./tr. 6

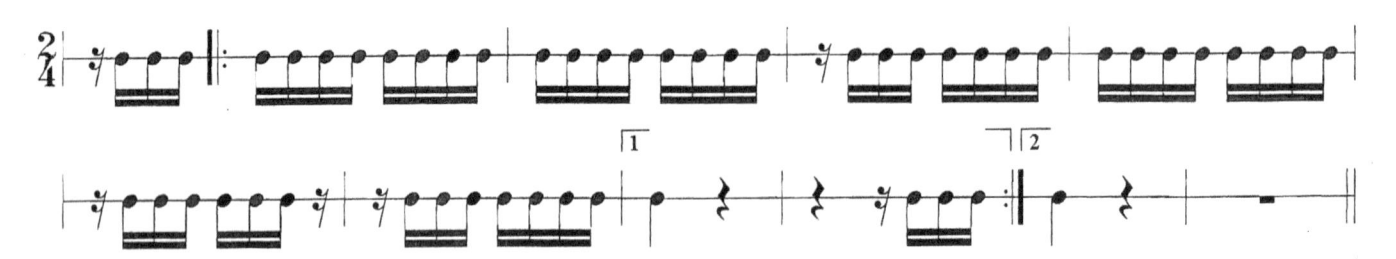

fx./tr. 7

fx./tr. 8

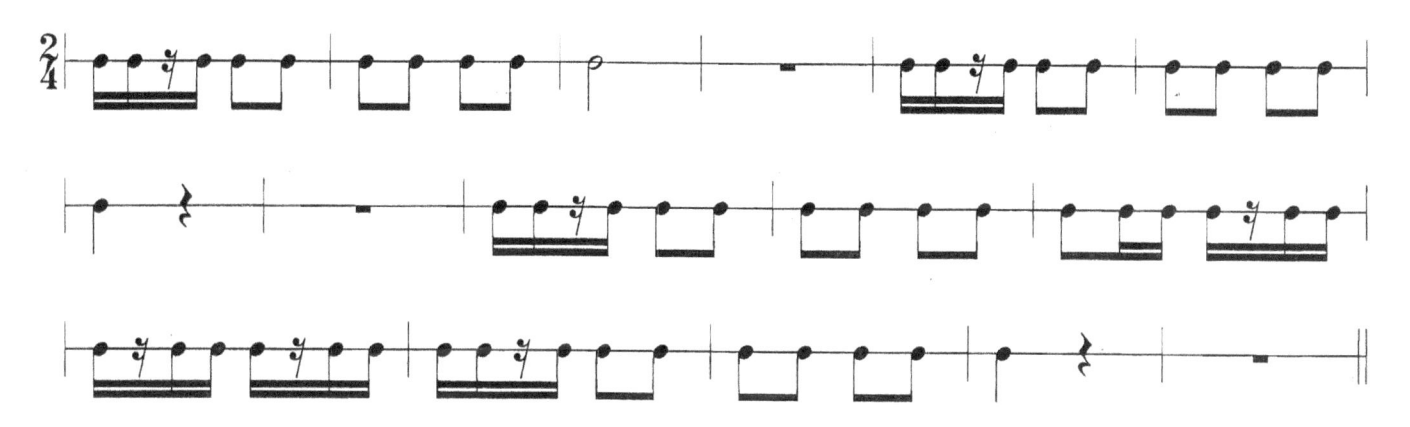

fx./tr. 9

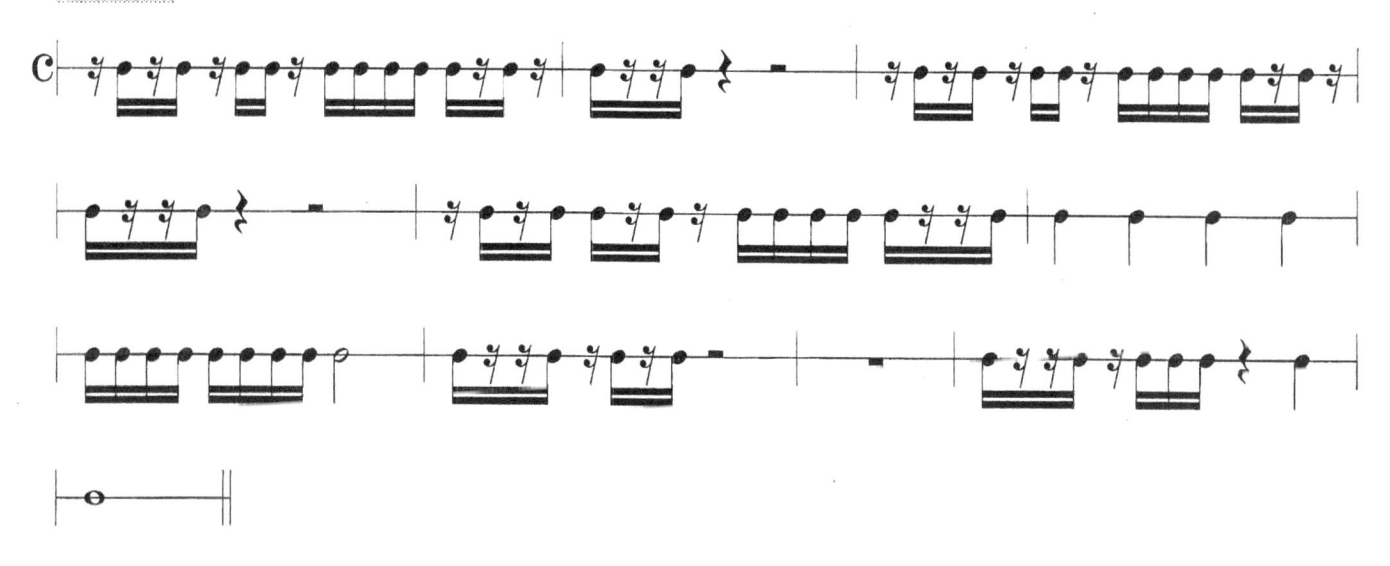

fx./tr. 10

fx./tr. 11

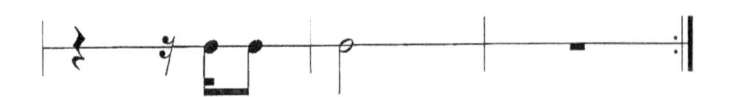

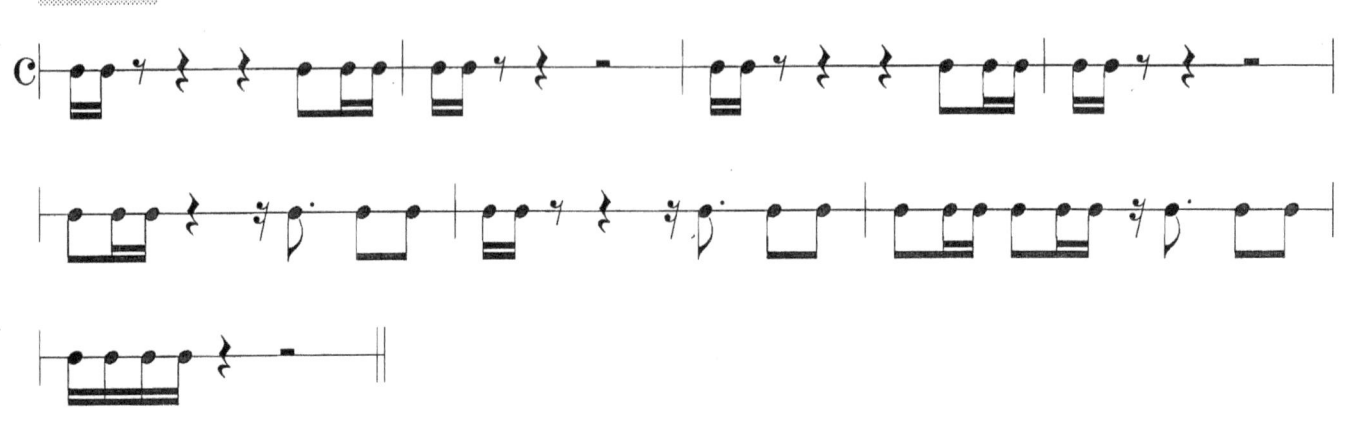

fx./tr. 12

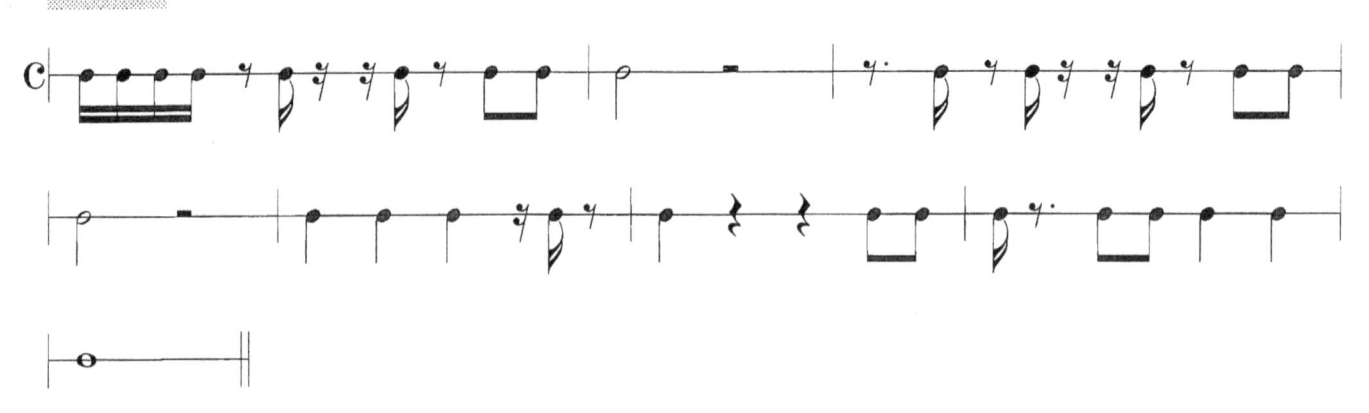

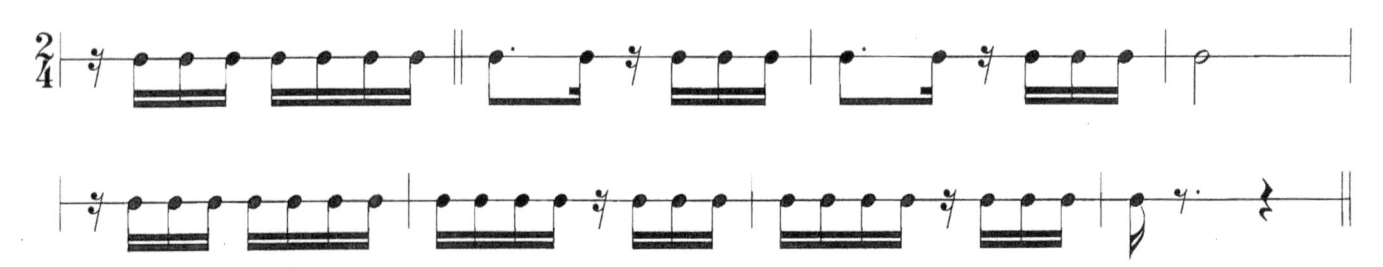

fx./tr. 13

fx./tr. 14

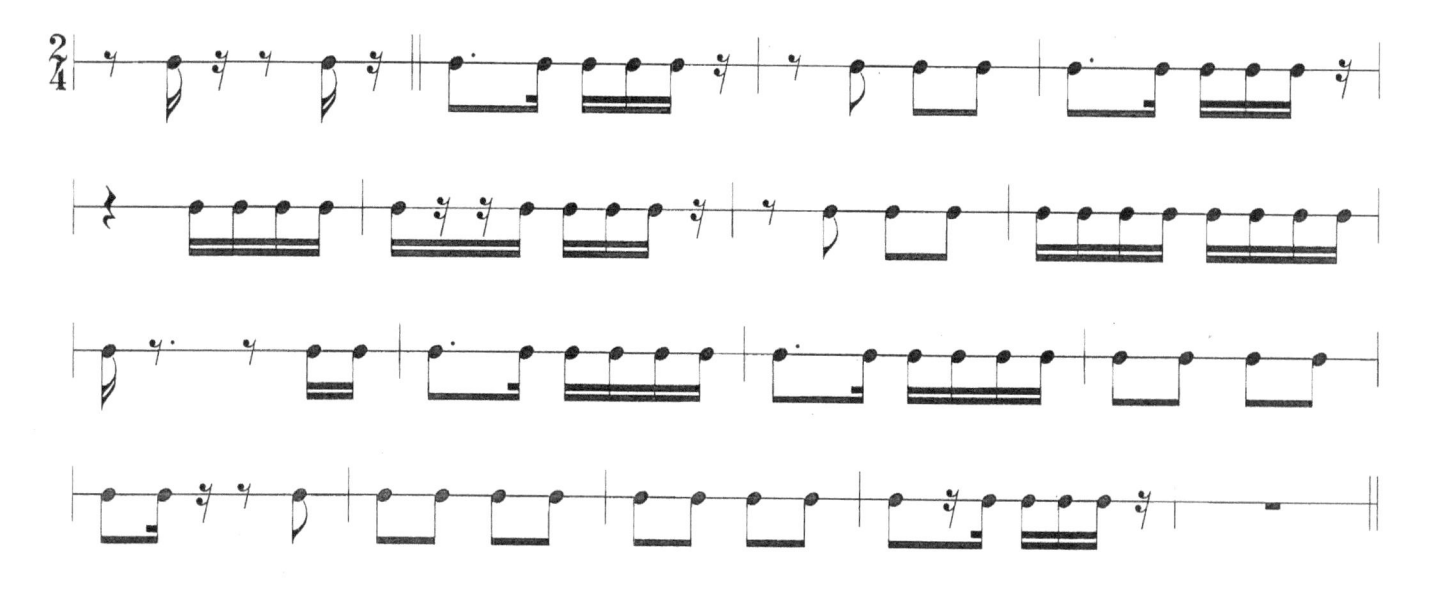

fx./tr. 15

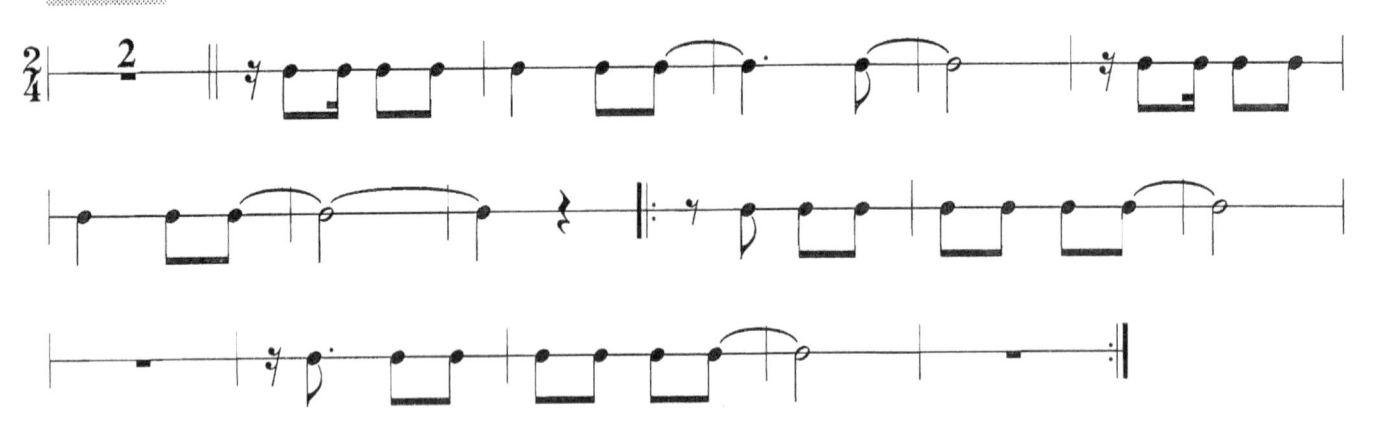

Com ligaduras
With slurs

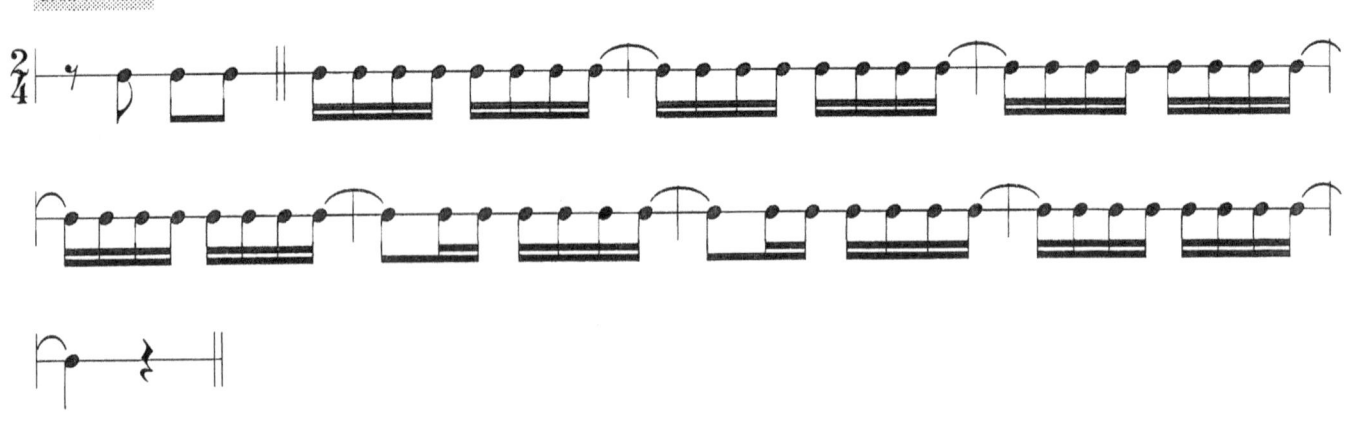

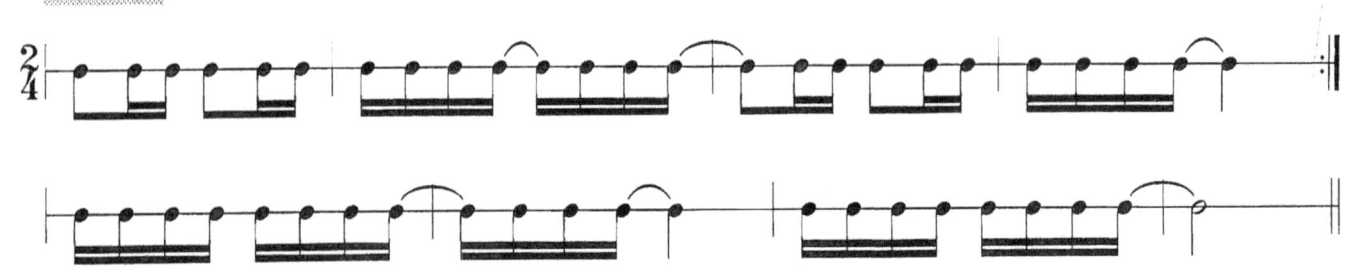

fx./*tr.* 19

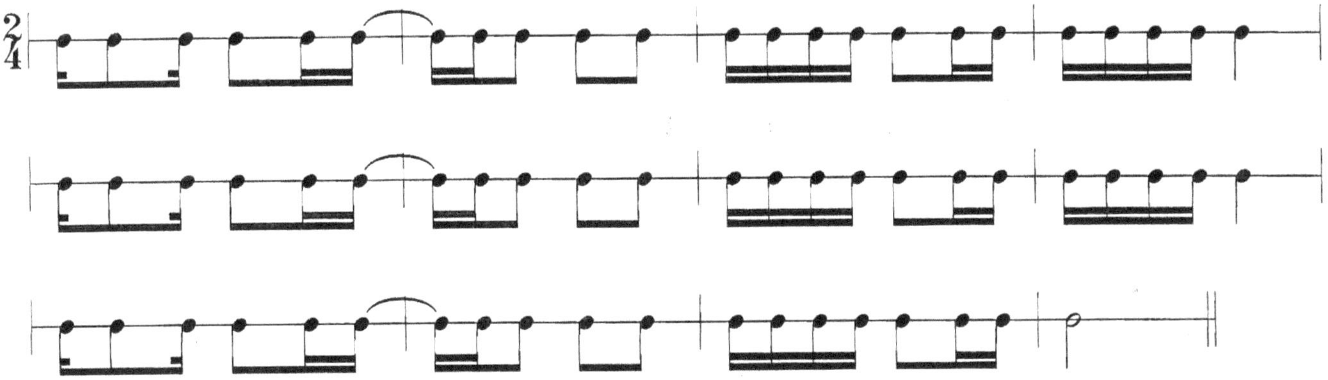

fx./*tr.* 20

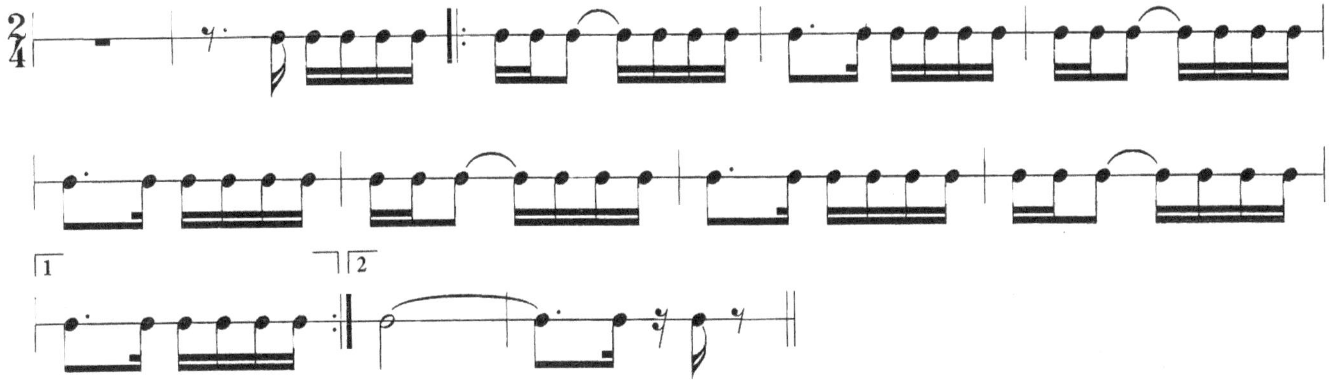

fx./*tr.* 21

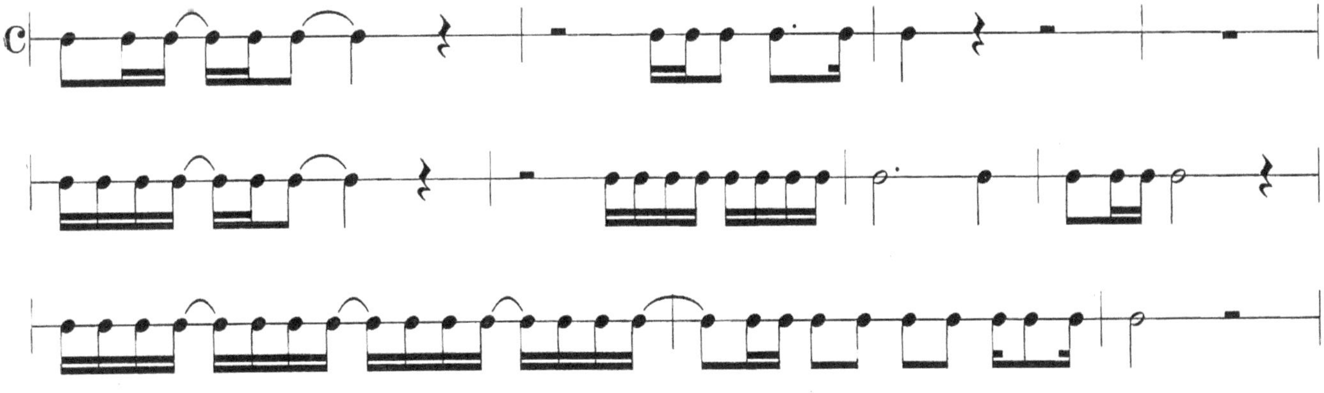

fx./tr. 22

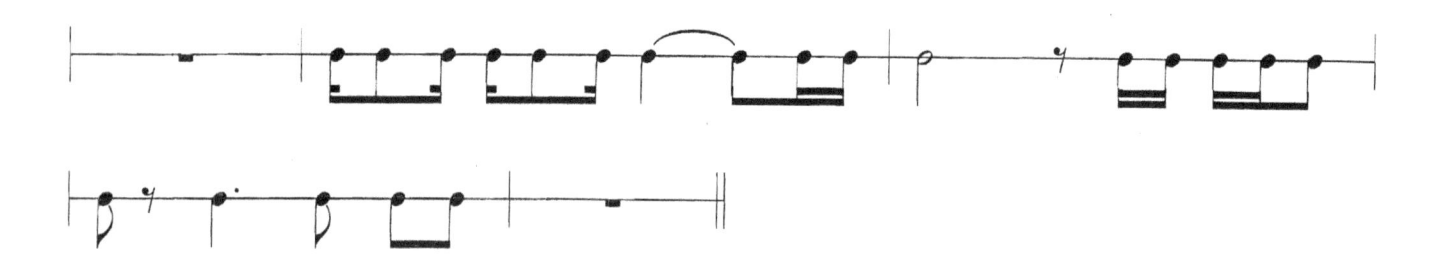

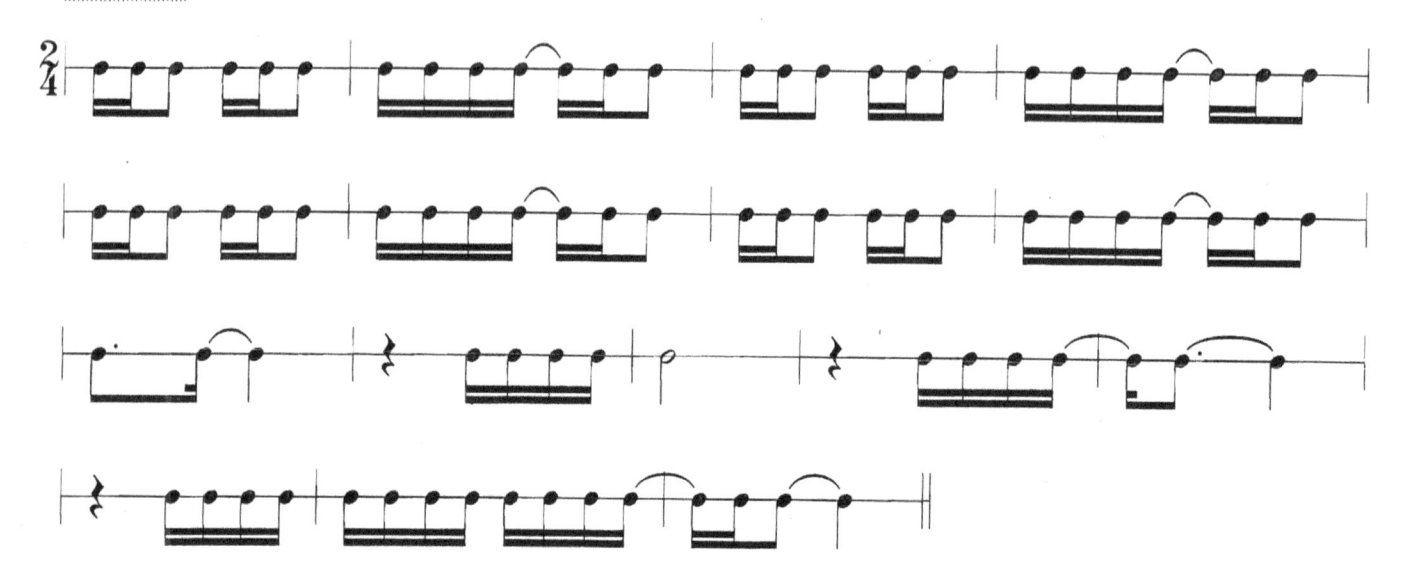

fx./tr. 23

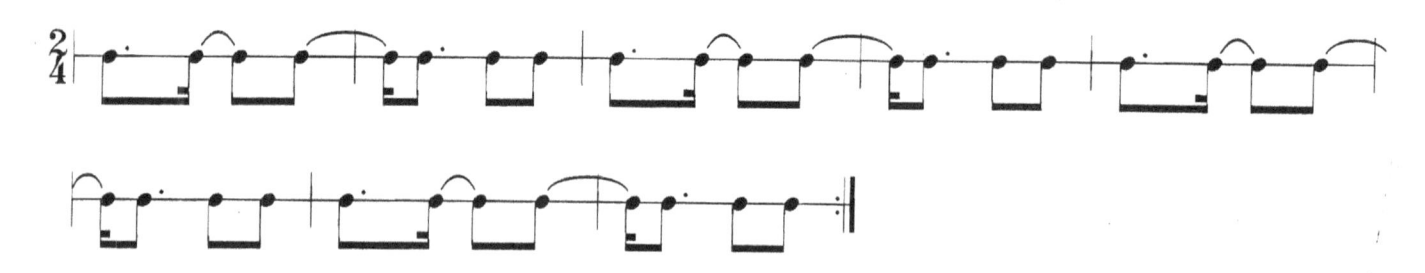

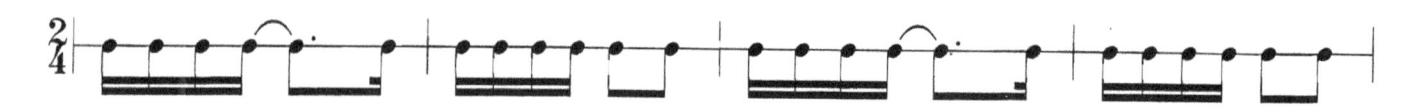

fx./tr. 24

fx./tr. 25

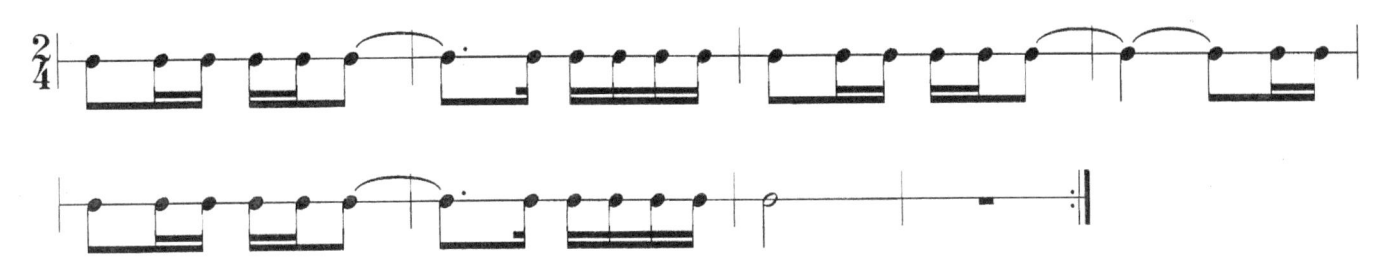

fx./tr. 26

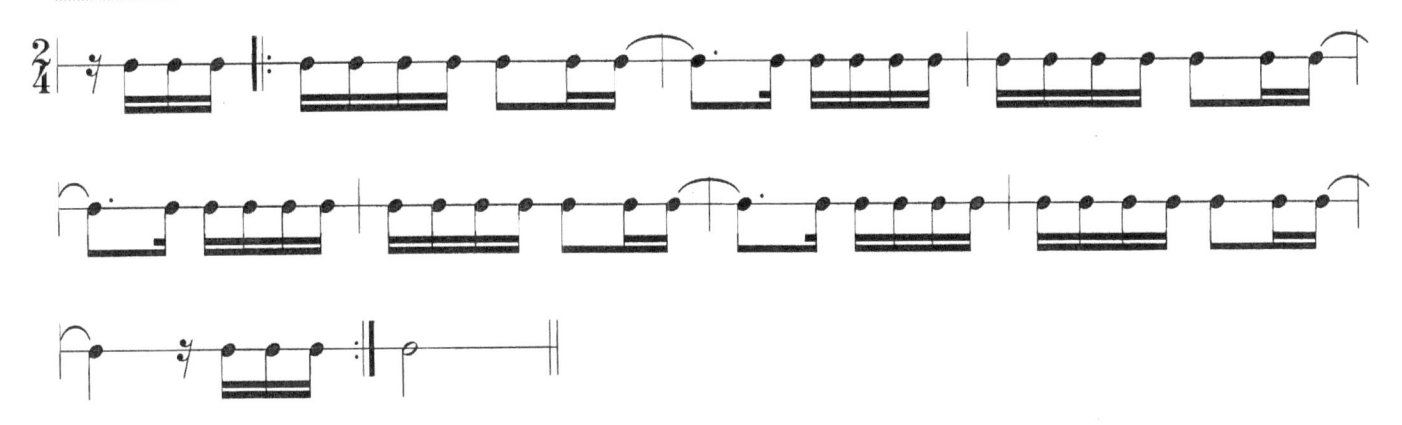

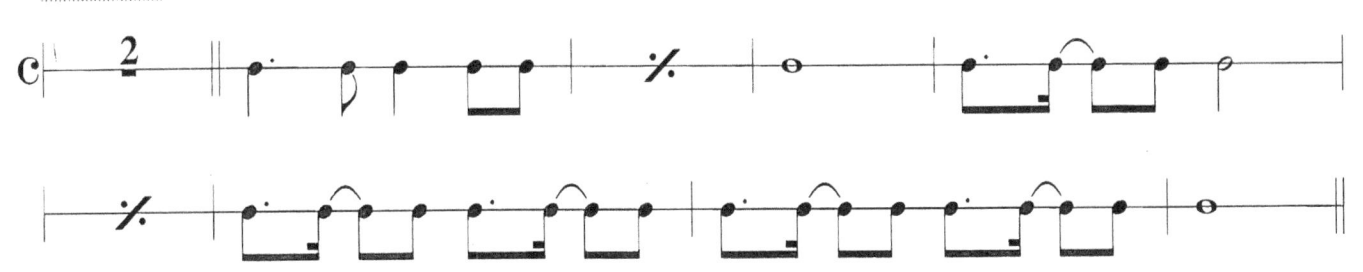

fx./tr. 27

fx./tr. 28

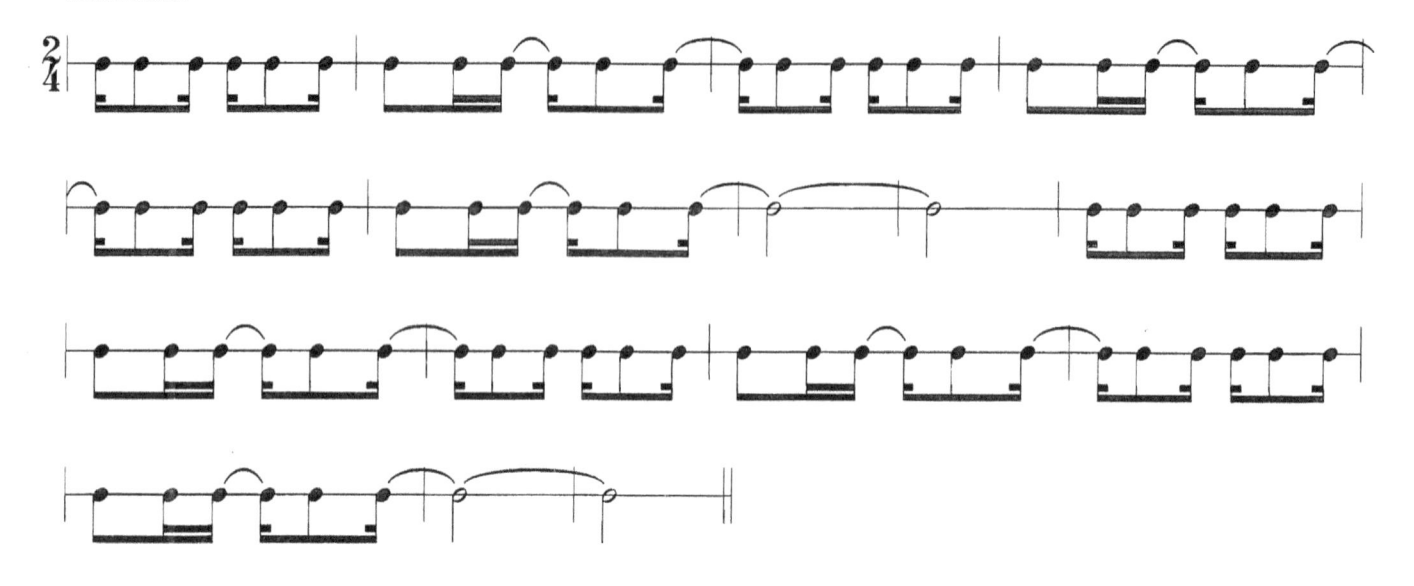

fx./tr. 29

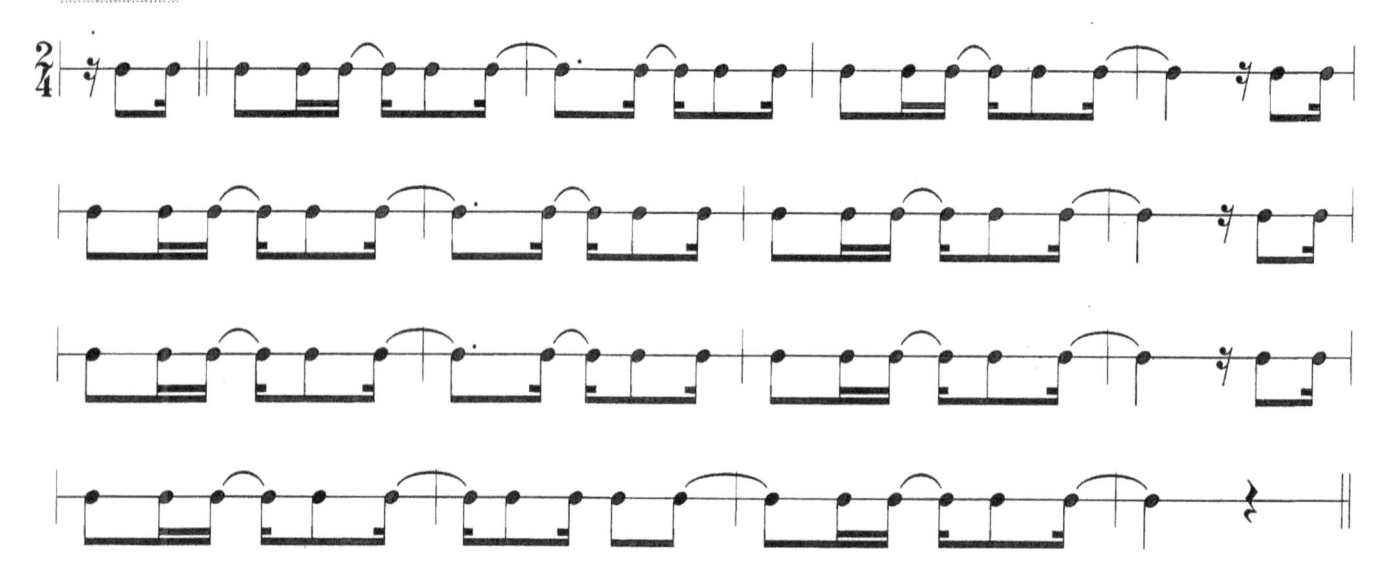

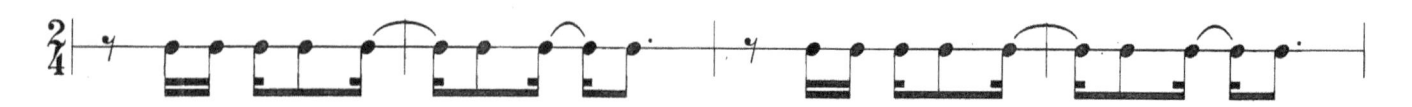

fx./tr. 30

fx./tr. 31

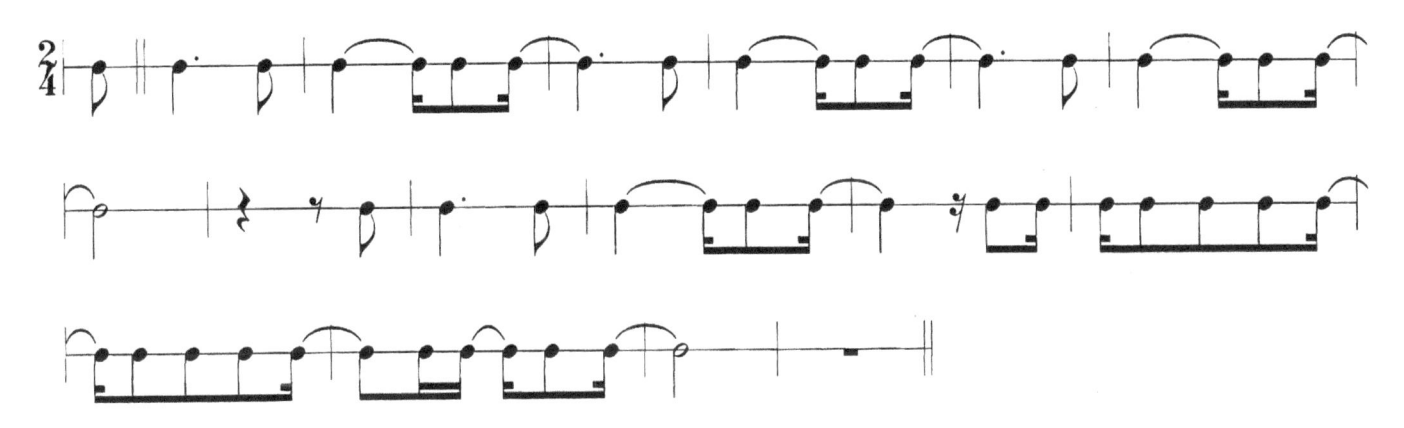

fx./tr. 32

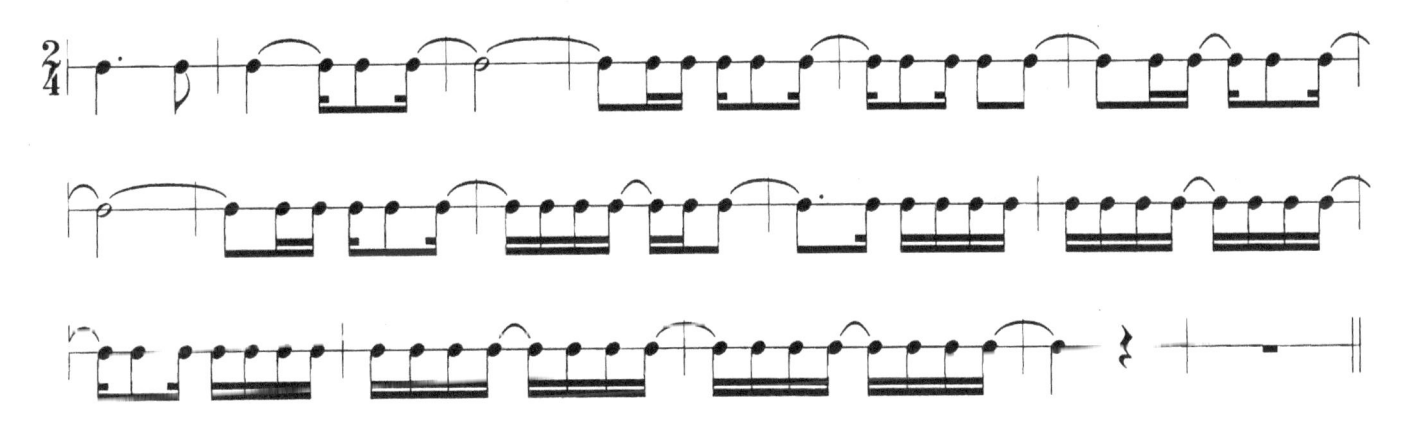

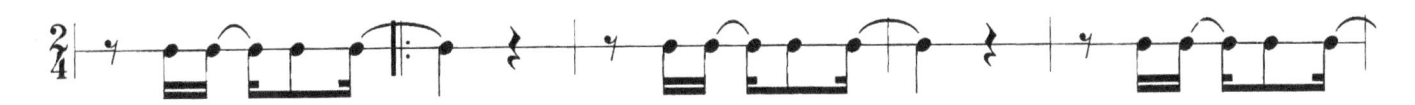

fx./tr. 33

fx./tr. 34

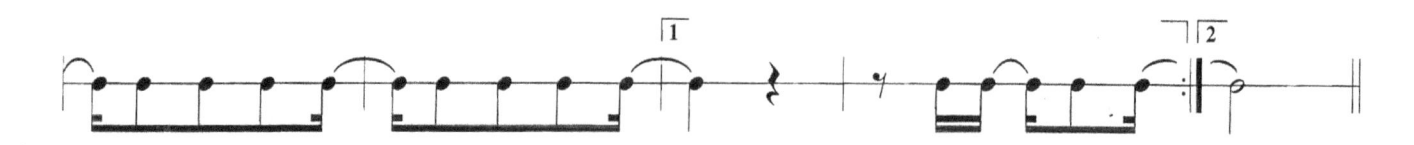

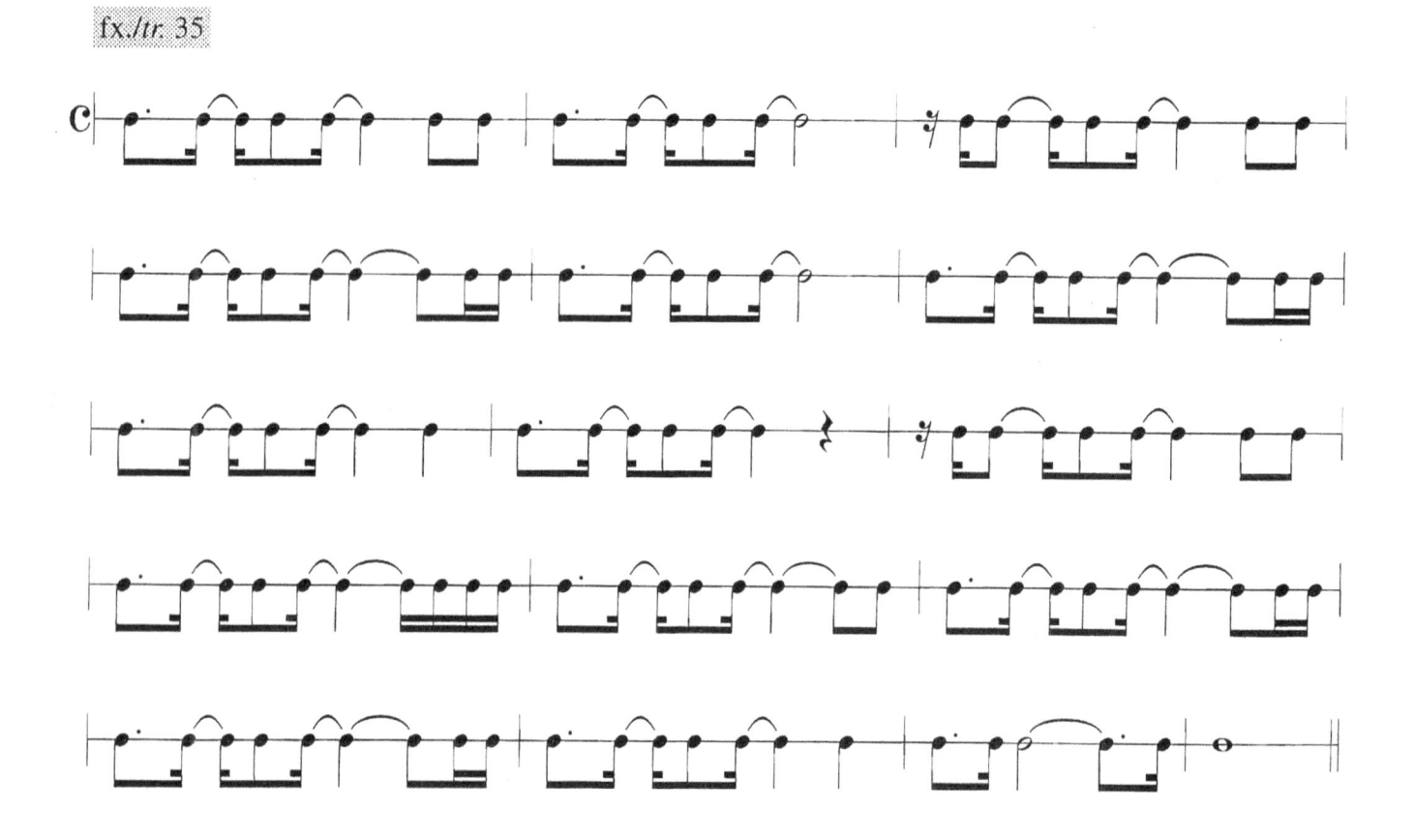

fx./tr. 35

fx./*tr.* 36

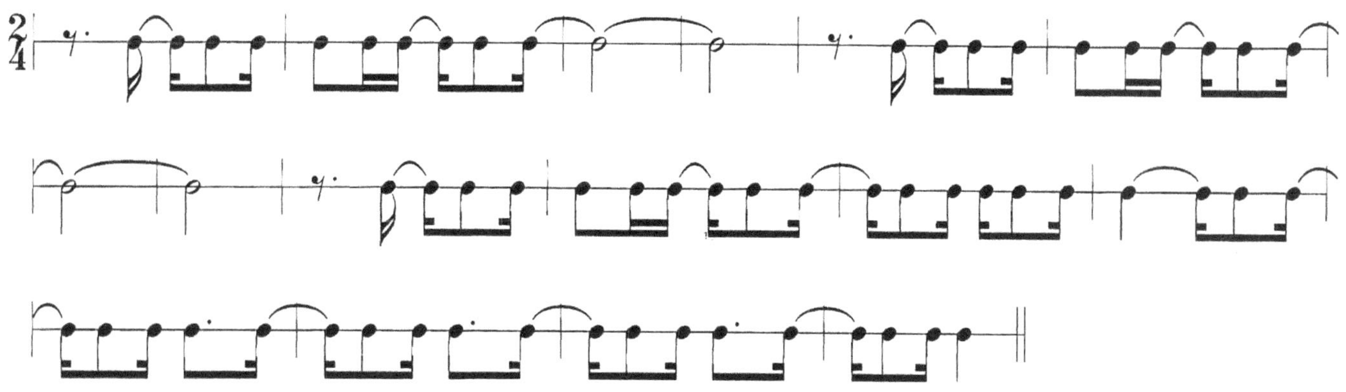

fx./*tr.* 37

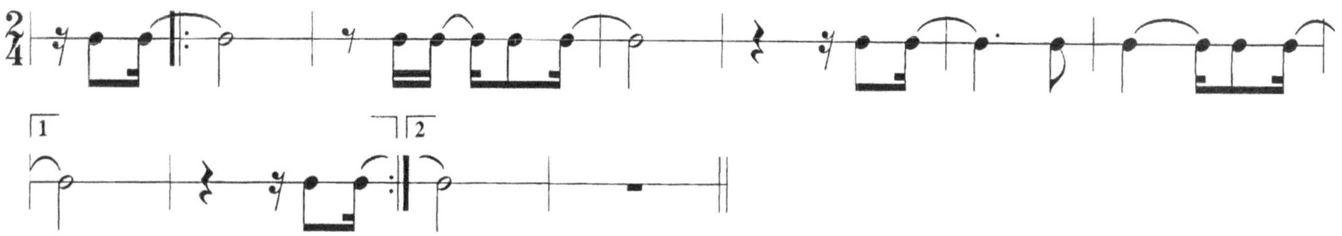

fx./*tr.* 38

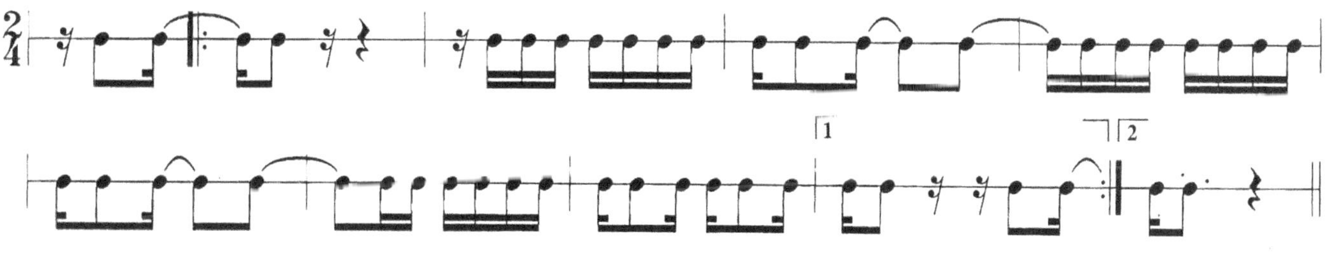

fx./*tr.* 39

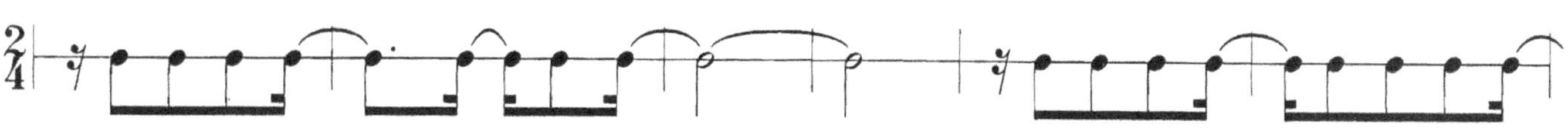

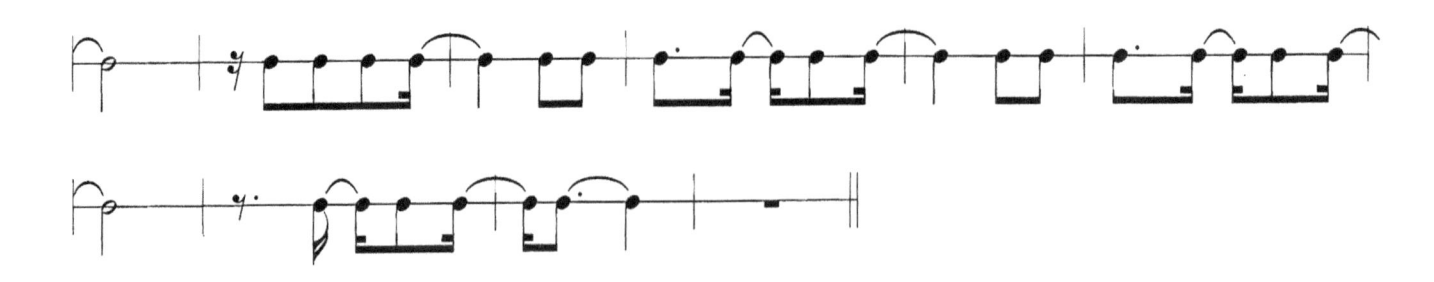

Segunda parte
Part two

em / *in*

2/4 c

A duas vozes
In two voices

Percepção a duas vozes alternadas
Ear-training with two alternating voices

Confira os ritmos

Check the rhythms

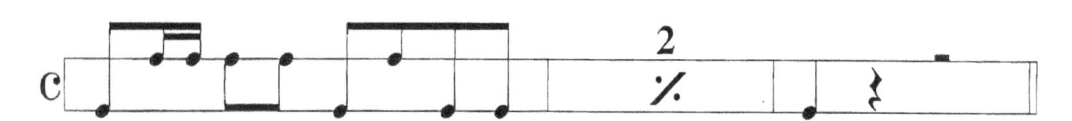

fx./tr. 40

fx./tr. 41

fx./tr. 42

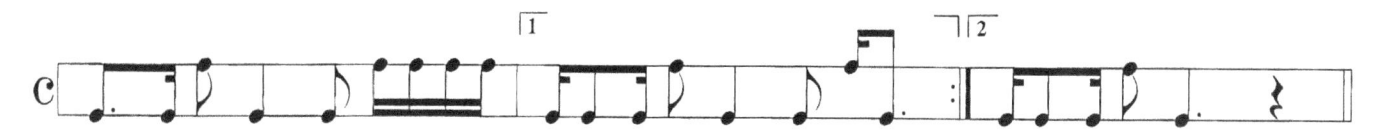

fx./tr. 43

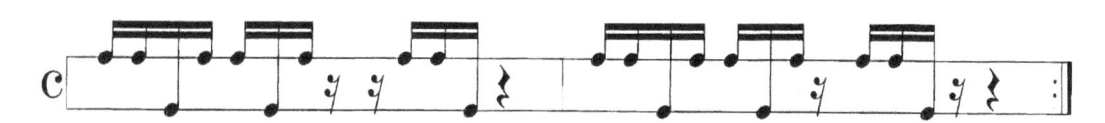

fx./tr. 44

fx./*tr.* 45

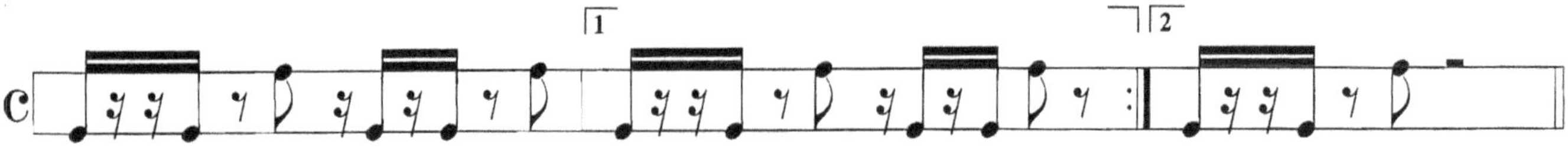

fx./*tr.* 46

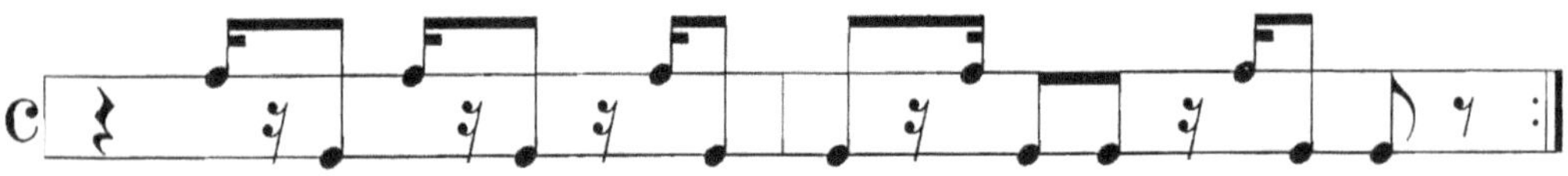

fx./*tr.* 47

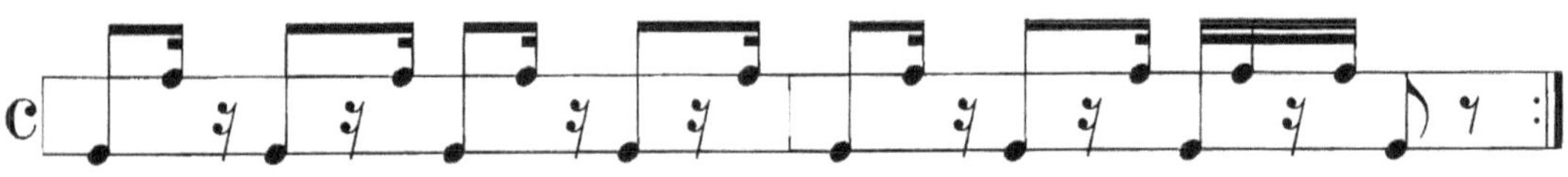

fx./*tr.* 48

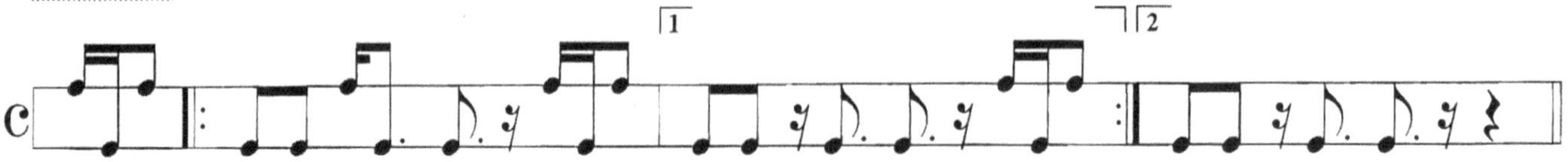

fx./*tr.* 49

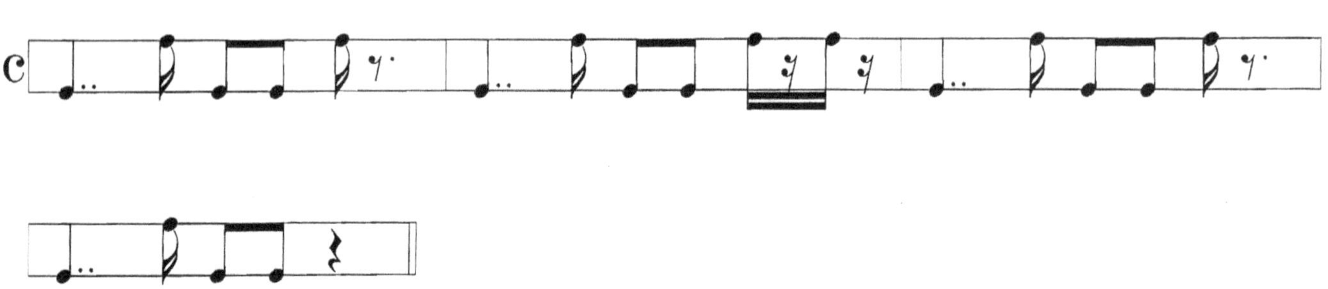

Com ligaduras
With slurs

fx./tr. 54

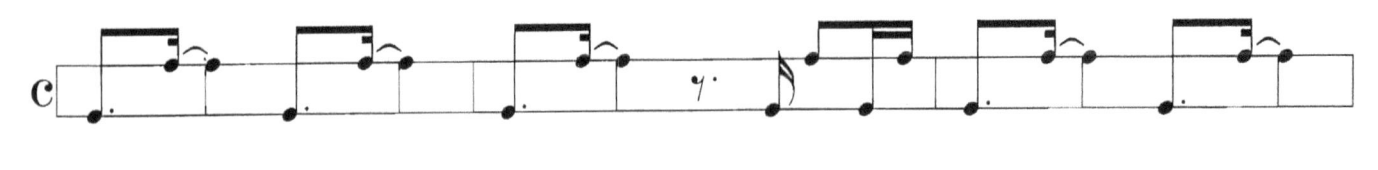

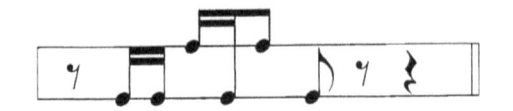

fx./tr. 55

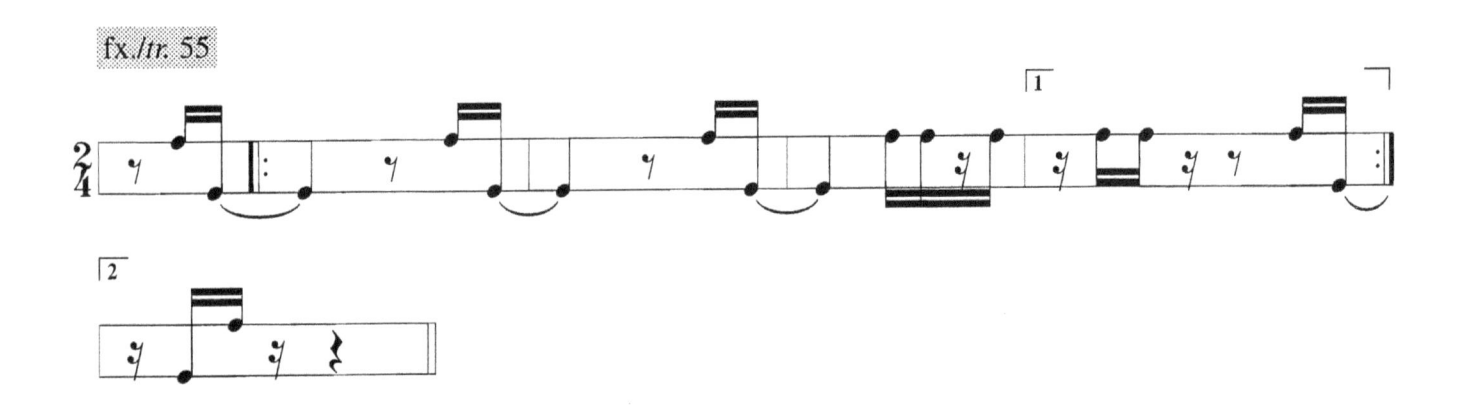

fx./tr. 56

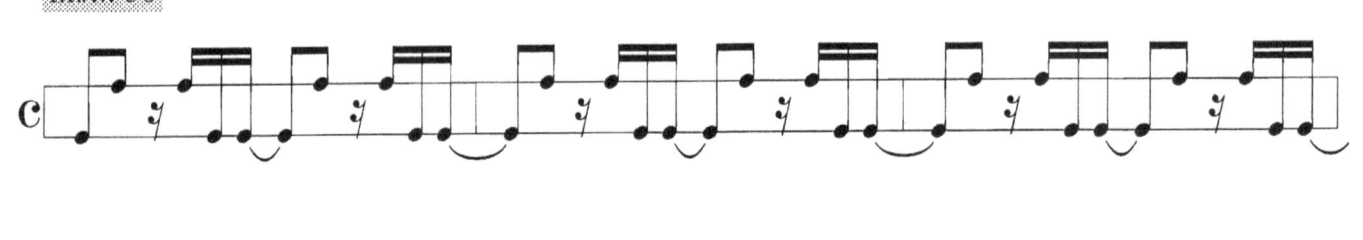

fx./tr. 57

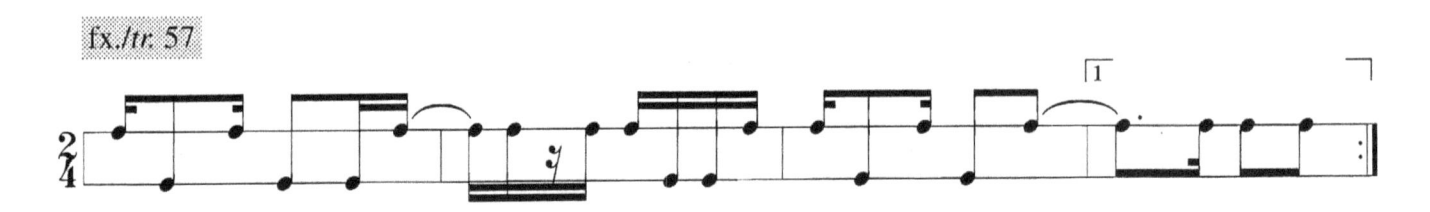

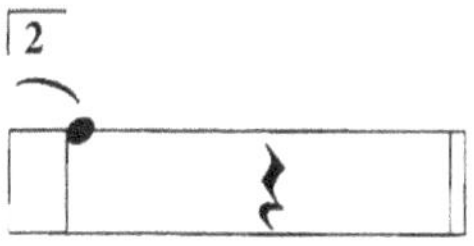

fx./*tr.* 58

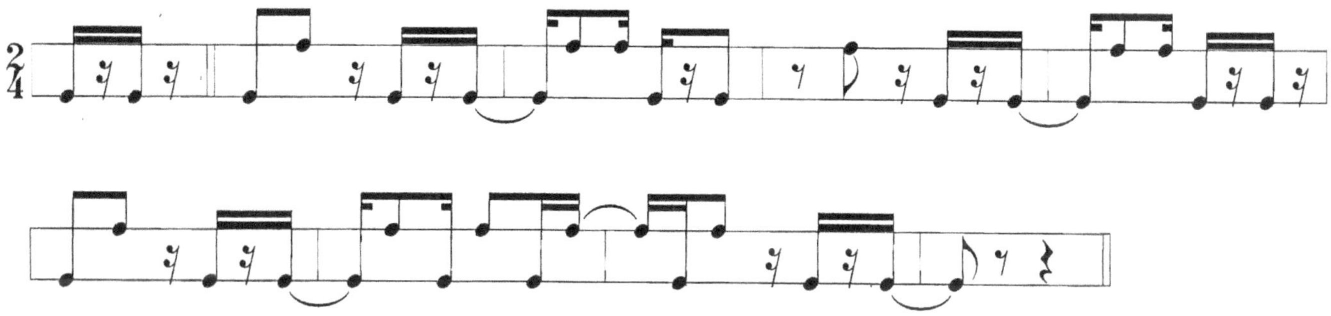

fx./*tr.* 59

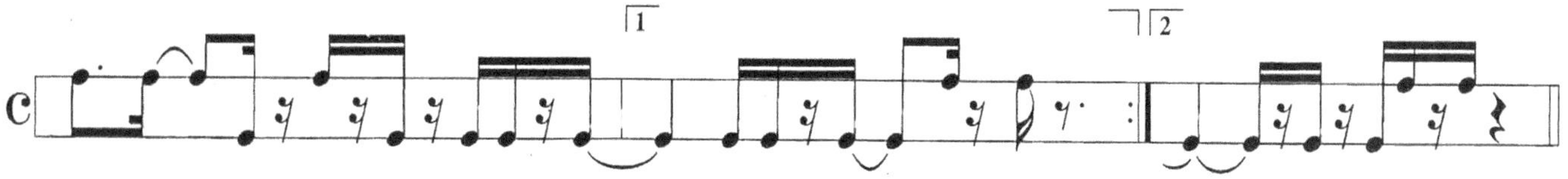

fx./*tr.* 60

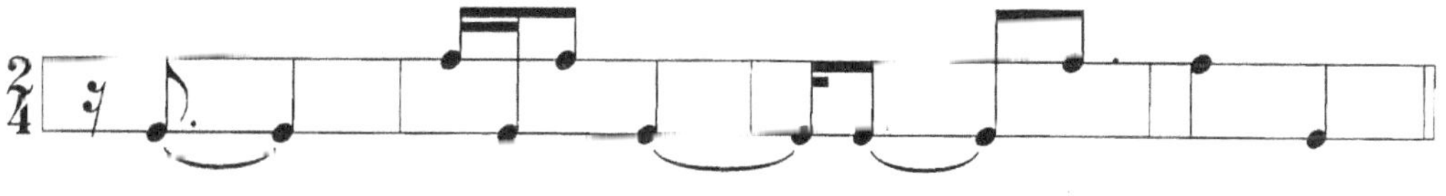

fx./*tr.* 61

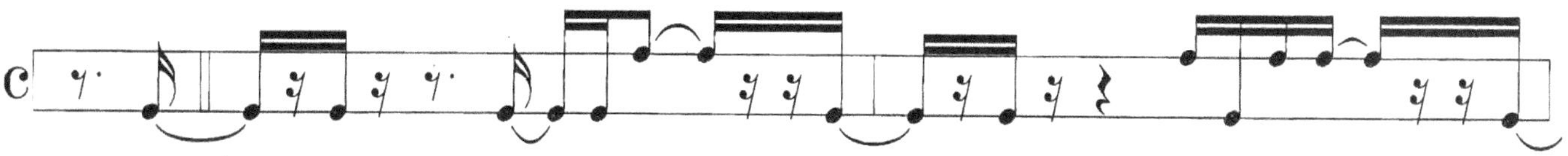

fx./tr. 62

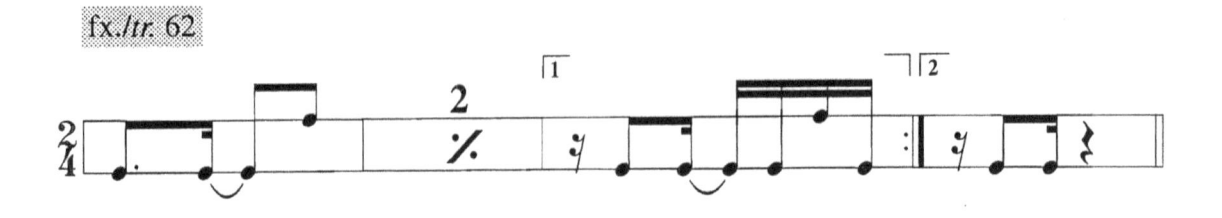

Percepção a duas vozes simultâneas
Ear-training with two simultaneous voices

Confira os ritmos

Check the rhythms

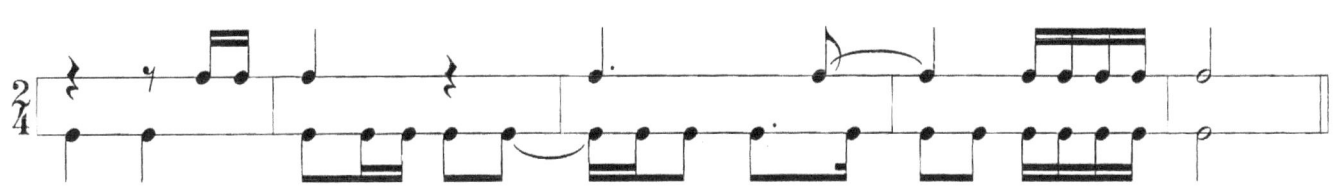

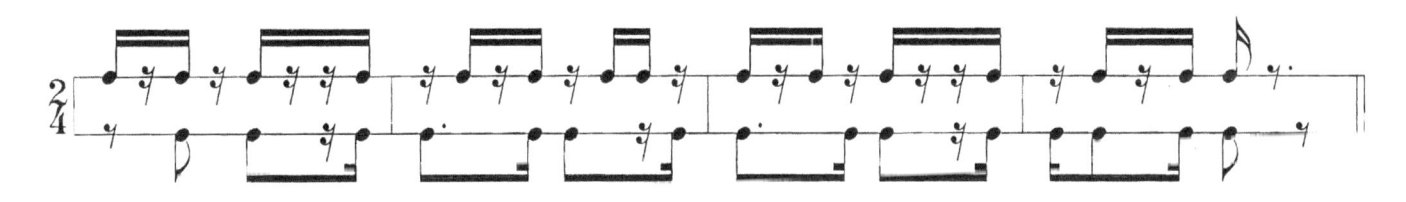

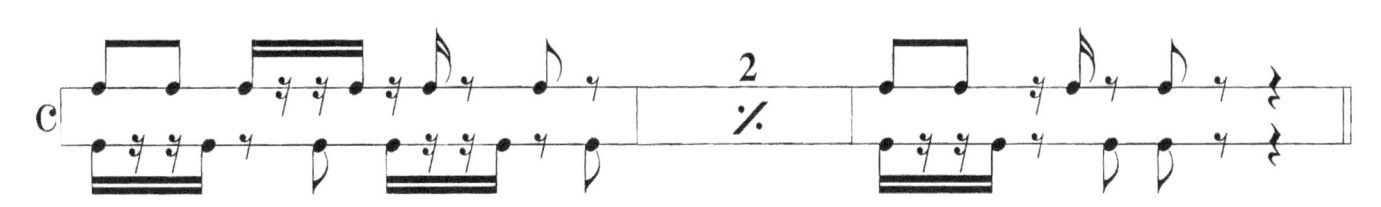

fx./*tr.* 67

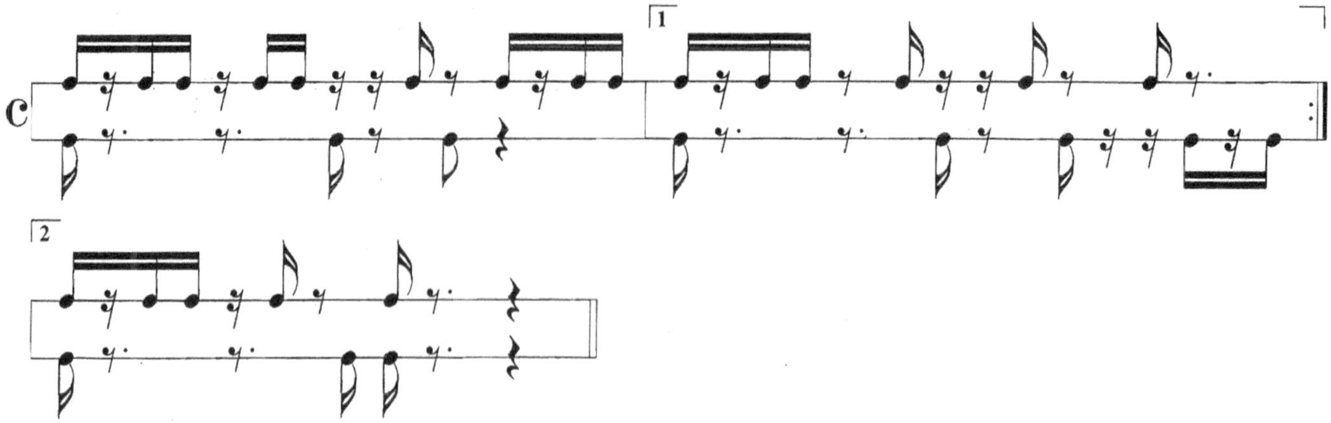

fx./*tr.* 68

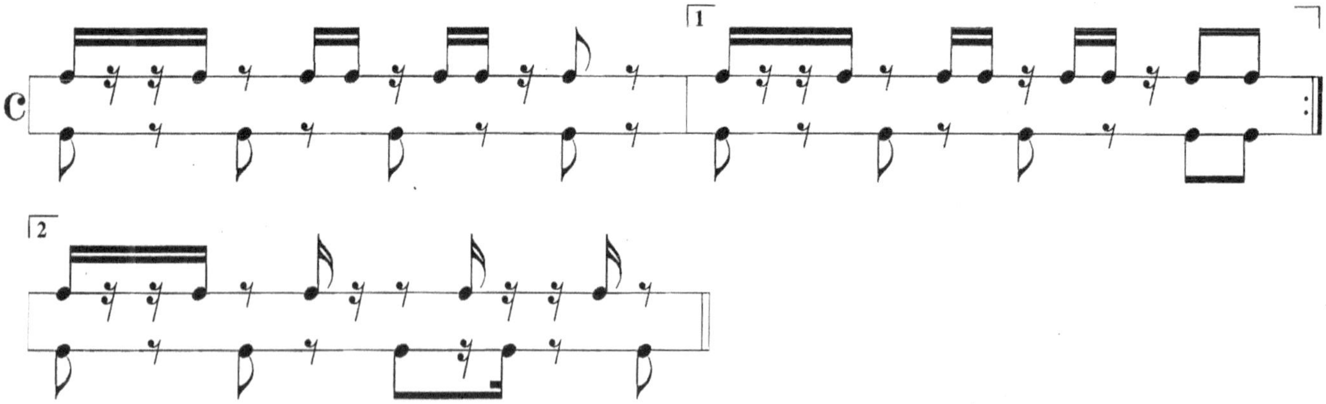

fx./*tr.* 69

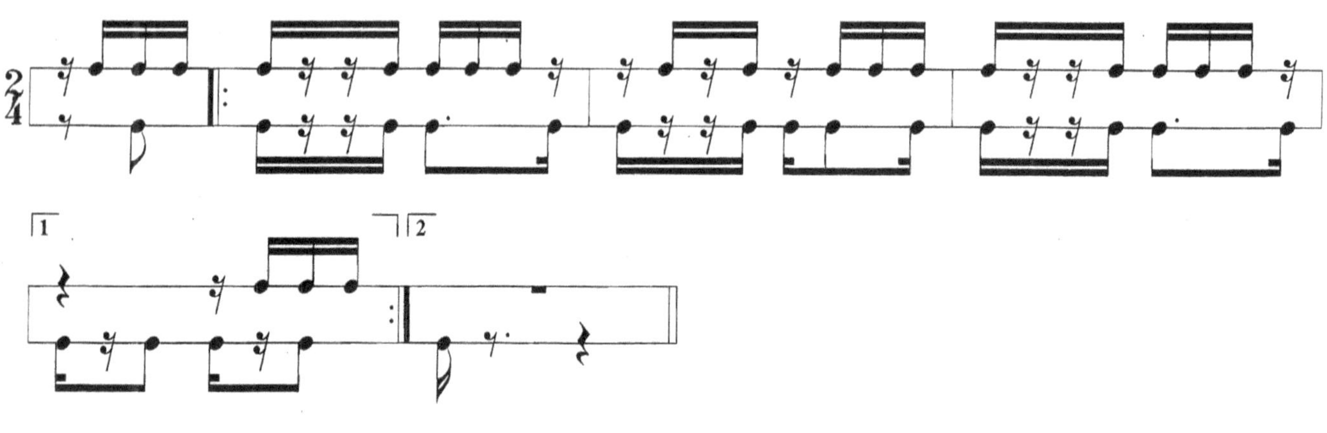

fx./tr. 70

fx./tr. 71

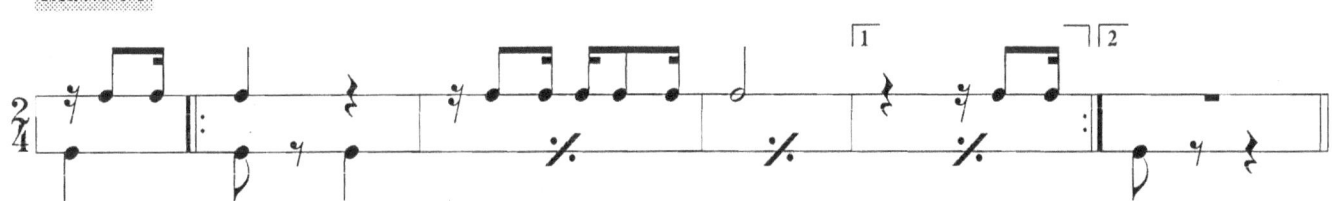

fx./tr. 72

Com ligaduras
With slurs

fx./tr. 73

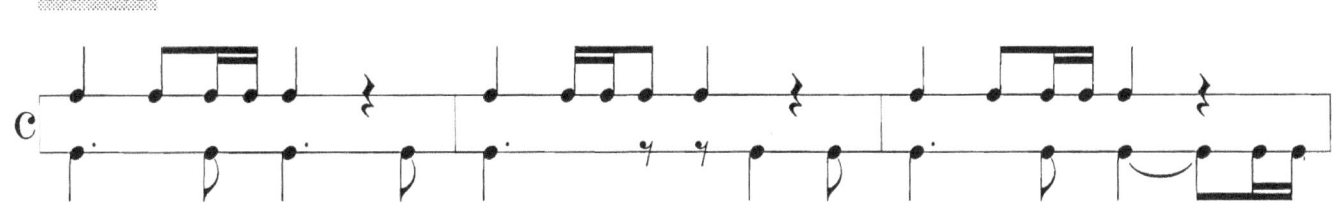

fx./tr. 74

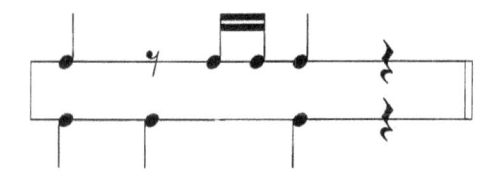

fx./tr. 75

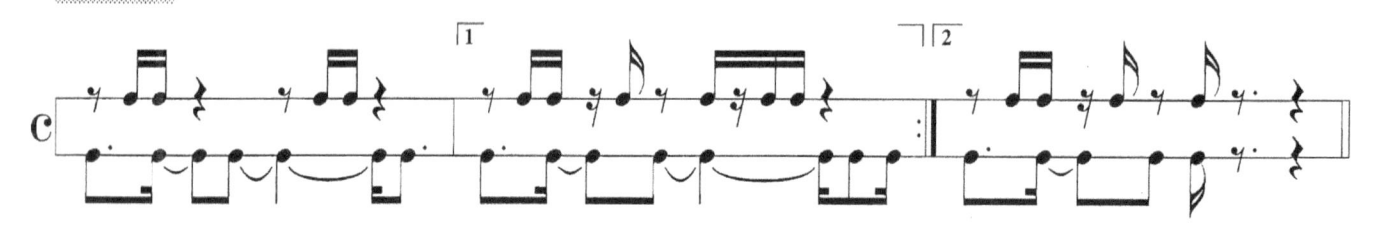

fx./tr. 76

fx./tr. 77

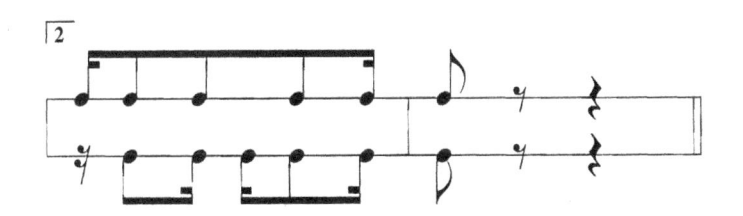

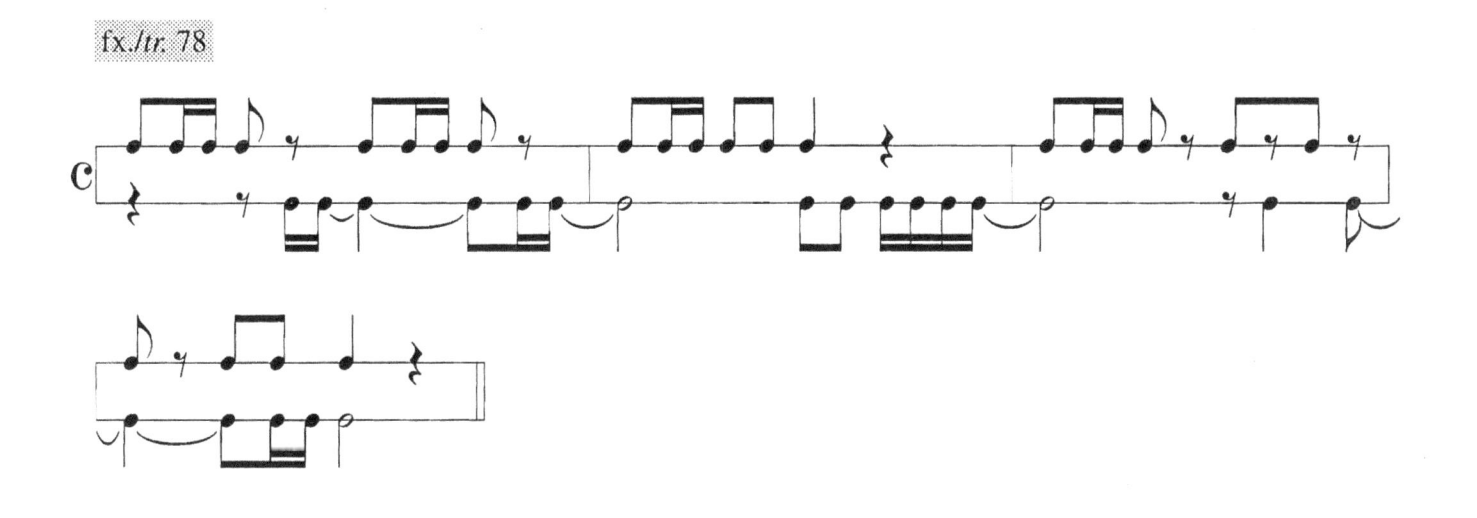

fx./tr. 78

fx./tr. 79

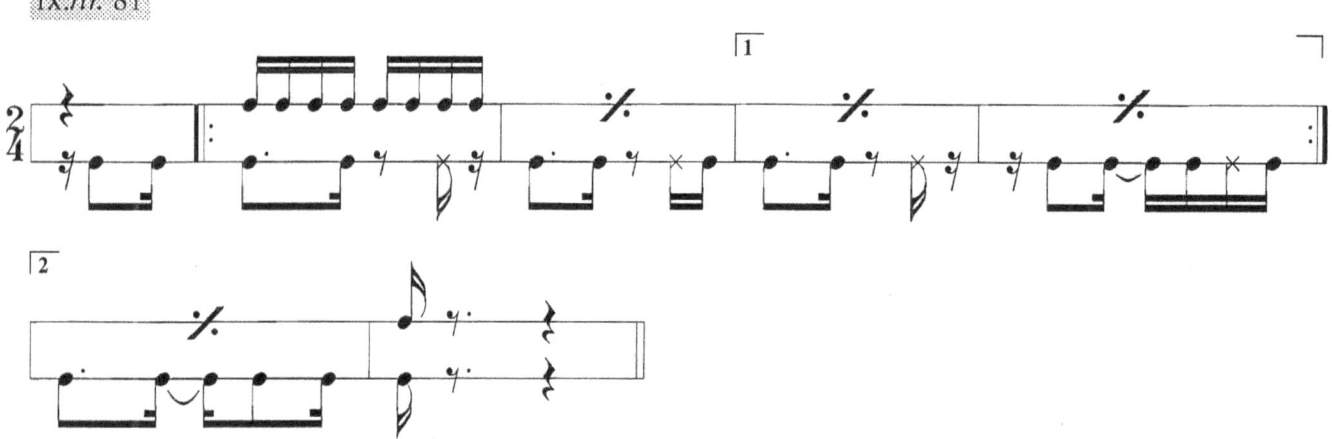

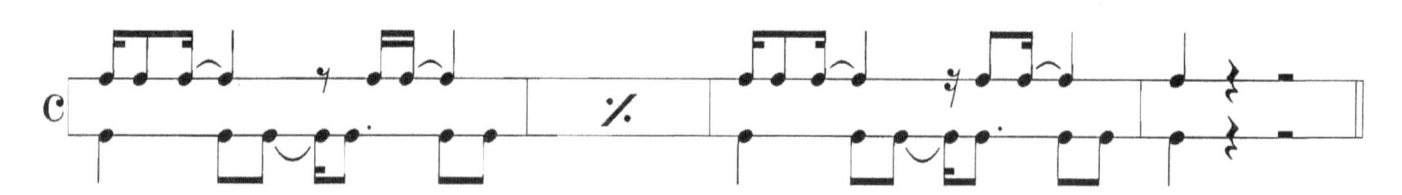

Citações musicais contidas neste método*
*Musical quotations contained in this method**

Obra/*Title*	Autor/*Author*	Copyright
A felicidade (fx./tr. 37)	Tom Jobim e Vinicius de Moraes	Editora Musical Arapuã Ltda.
A rã (fx./tr. 7)	João Donato e Caetano Veloso	Warner/Chappel Edições Musicais Ltda.
Água de beber (fx./tr. 24)	Tom Jobim e Vinicius de Moraes	Jobim Music Ltd. e Tonga Editora Musical Ltda. (BMG Music)
Águas de março (fx./tr. 17)	Tom Jobim	Jobim Music Ltd.
Ah! Se eu pudesse (fx./tr. 26)	Roberto Menescal e Ronaldo Bôscoli	Warner/Chappel Edições Musicais Ltda.
Amanhecendo (fx./tr. 20)	Roberto Menescal e Lula Freire	Roberto Menescal e Lula Freire
Amazonas (fx./tr. 5)	João Donato e Lysias Ênio	Acre Editora Musical e Nowa Produções Artísticas Ltda.
Bolinha de papel (fx./tr. 13)	Geraldo Pereira	Edições Euterpe Ltda.
Brasileirinho (fx./tr. 6)	Valdir Azevedo	Todamérica Música Ltda.
Carta ao Tom 74 (fx./tr. 28)	Toquinho e Vinicius de Moraes	Tonga Editora Musical Ltda. (BMG Music)
Choro bandido (fx./tr. 1)	Edu Lobo e Chico Buarque	Lobo Music Produções Artísticas e Marola Edições Musicais Ltda.
Ela é carioca (fx./tr. 10)	Tom Jobim e Vinicius de Moraes	Jobim Music Ltd. e Tonga Editora Musical Ltda. (BMG Music)
Gente (fx./tr. 18)	Marcos Valle e Paulo Sérgio Valle	Edições Musicais Tapajós Ltda.
Influência do jazz (fx./tr. 32)	Carlos Lyra	MCK Produções Artísticas Ltda.
O barquinho (fx./tr. 19)	Roberto Menescal e Ronaldo Bôscoli	Warner/Chappel Edições Musicais Ltda.
O morro não tem vez (fx./tr. 31)	Tom Jobim e Vinicius de Moraes	Jobim Music Ltd. e Tonga Editora Musical Ltda. (BMG Music)
O pato (fx./tr. 38)	Neuza Teixeira e Jayme Silva	Associação Defensora de Direitos Autorais e Fonomecânicos
Olha pra mim (fx./tr. 33)	Ed Lincoln e Sílvio César	Irmãos Vitale S/A Indústria e Comércio
Rio (fx./tr. 25)	Roberto Menescal e Ronaldo Bôscoli	Irmãos Vitale S/A Indústria e Comércio
Samba de uma nota só (fx./tr. 29)	Tom Jobim e Newton Mendonça	Jobim Music Ltd.
Samba de verão (fx./tr. 22)	Marcos Valle e Paulo Sérgio Valle	Edições Musicais Tapajós Ltda.
Sonho de Maria (fx./tr. 30)	Marcos Valle e Paulo Sérgio Valle	Edições Musicais Tapajós Ltda.
Tema do boneco de palha (fx./tr. 39)	Vera Brasil e Sivan Castelo Neto	Editora Musical Arapuã Ltda.
Triste (fx./tr. 36)	Tom Jobim	Jobim Music Ltd.
Vivo sonhando (fx./tr. 23)	Tom Jobim	Jobim Music Ltd.

* Conforme Lei de Direitos Autorais número 9610, artigo 46, inciso III de 19 de fevereiro de 1998.
* *As per Copyright Law number 9610, article 46, clause III, of February 19, 1998*